Ensino de Ciências

Dados Internacionais de Catalogação na Publicação (CIP)
(Câmara Brasileira do Livro, SP, Brasil)

Trivelato, Sílvia Frateschi
 Ensino de Ciências / Sílvia Frateschi Trivelato, Rosana Louro Ferreira Silva - São Paulo: Cengage Learning, 2019 - (Coleção ideias em ação / coordenadora Anna Maria Pessoa de Carvalho)

 5. reimpr. da 1. ed. de 2011.
 Bibliografia.
 ISBN 978-85-221-1093-3

 1. Ciências - Estudo e ensino I. Silva, Rosana Louro Ferreira. II. Carvalho, Anna Maria Pessoa de. III. Título. IV. Série.

11-03877   CDD-507

Índice para catálogo sistemático:

1. Ciências: Estudo e ensino 507

Coleção Ideias em Ação

Ensino de Ciências

Sílvia Frateschi Trivelato

Rosana Louro Ferreira Silva

Coordenadora da Coleção
Anna Maria Pessoa de Carvalho

Austrália • Brasil • México • Cingapura • Reino Unido • Estados Unidos

Coleção Ideias em Ação
Ensino de Ciências

Sílvia Frateschi Trivelato, Rosana Louro Ferreira Silva

Gerente editorial: Patricia La Rosa

Editora de desenvolvimento: Sheila Fabre

Supervisora de produção editorial e gráfica: Fabiana Alencar Albuquerque

Copidesque: Vera Lúcia Pereira

Revisão: Vera Lúcia Pereira, Helena Dias, Norma Gusukuma

Diagramação: Triall Composição Editorial Ltda.

Capa: Ale Gustavo

© 2012 Cengage Learning Edições Ltda.

Todos os direitos reservados. Nenhuma parte deste livro poderá ser reproduzida, sejam quais forem os meios empregados, sem a permissão por escrito da Editora. Aos infratores aplicam-se as sanções previstas nos artigos 102, 104, 106, 107 da Lei n. 9.610, de 19 de fevereiro de 1998.

Esta editora empenhou-se em contatar os responsáveis pelos direitos autorais de todas as imagens e de outros materiais utilizados neste livro. Se porventura for constatada a omissão involuntária na identificação de algum deles, dispomo-nos a efetuar, futuramente, os possíveis acertos.

Para informações sobre nossos produtos, entre em contato pelo telefone **0800 11 19 39**

Para permissão de uso de material desta obra, envie seu pedido para **direitosautorais@cengage.com**

© 2012 Cengage Learning. Todos os direitos reservados.

ISBN-13: 978-85-221-1093-3
ISBN-10: 85-221-1093-X

Cengage Learning
Condomínio E-Business Park
Rua Werner Siemens, 111 – Prédio 11 – Torre A – Conjunto 12
Lapa de Baixo – CEP 05069-900 – São Paulo –SP
Tel.: (11) 3665-9900 – Fax: 3665-9901
SAC: 0800 11 19 39

Para suas soluções de curso e aprendizado, visite **www.cengage.com.br**

Impresso no Brasil
Printed in Brazil
5. reimpr. – 2019

Apresentação

A "Coleção Ideias em Ação" nasceu da iniciativa conjunta de professores do Departamento de Metodologia do Ensino da Faculdade de Educação da Universidade de São Paulo, que, por vários anos, vêm trabalhando em projetos de Formação Continuada de Professores geridos pela Fundação de Apoio à Faculdade de Educação (Fafe).

Em uma primeira sistematização de nosso trabalho, que apresentamos no livro *Formação continuada de professores: uma releitura das áreas do conteúdo*, publicado por esta mesma editora, propusemos o problema da elaboração e da participação dos professores nos conteúdos específicos das disciplinas escolares – principalmente aquelas pertencentes ao currículo da Escola Fundamental – e na construção do Projeto Político-Pedagógico das escolas. Procuramos, em cada capítulo, abordar as diferentes visões disciplinares na transposição dos temas discutidos na coletividade escolar para as ações dos professores em sala de aula.

Nossa interação com os leitores deste livro mostrou que precisávamos ir além, ou seja, apresentar com maior precisão e com mais detalhes o trabalho desenvolvido pelo nosso grupo na formação continuada de professores das redes oficiais – municipal e estadual – de ensino. Desse modo, cada capítulo daquele primeiro livro deu origem a um novo livro da coleção que ora apresentamos. A semente plantada germinou, dando origem a muitos frutos.

Os livros desta coleção são dirigidos, em especial, aos professores que estão em sala de aula, desenvolvendo trabalhos com seus alunos e influenciando as novas gerações. Por conseguinte, tais obras também têm como leitores os futuros professores e aqueles que planejam cursos de Formação Continuada para Professores.

Cada um dos livros traz o "que", "como" e "por que" abordar variados tópicos dos conteúdos específicos, discutindo as novas linguagens a eles associadas e propondo atividades de formação que levem o professor a refletir sobre o processo de ensino e de aprendizagem.

Nesses últimos anos, quando a educação passou a ser considerada uma área essencial na formação dos cidadãos para o desenvolvimento econômico e social do país, a tarefa de ensinar cada um dos conteúdos específicos sofreu muitas reformulações, o que gerou novos direcionamentos para as propostas metodológicas a serem desenvolvidas em salas de aula.

Na escola contemporânea a interação professor/aluno mudou não somente na forma, como também no conteúdo. Duas são as principais influências na modificação do cotidiano das salas de aula: a compreensão do papel desempenhado pelas diferentes linguagens presentes no diálogo entre professor e alunos na construção de cada um dos conteúdos específicos e a introdução das TICs – Tecnologias de Informação e Comunicação – no desenvolvimento curricular.

Esses e muitos outros temas são discutidos, dos pontos de vista teórico e prático, pelos autores em seus respectivos livros.

Anna Maria Pessoa de Carvalho

Professora Titular da Faculdade de Educação da
Universidade de São Paulo e Diretora Executiva da Fundação
de Apoio à Faculdade de Educação (Fafe)

Sumário

Capítulo 1
A Ciência no Ensino Fundamental....................................1

Capítulo 2
A questão ambiental e sua abordagem no Ensino Fundamental......13

Capítulo 3
Quando a ciência é notícia: televisão, cinema e mídia impressa no ensino de Ciências 41

Capítulo 4
Aulas práticas e a possibilidade de *enculturação* científica.................71

Capítulo 5

Temas científicos controversos: há lugar para eles no
Ensino Fundamental?..93

Capítulo 6

Atividades lúdicas e ensino de Ciências –
A biodiversidade como exemplo..115

> Este livro possui material complementar para alunos e professores disponível na página do livro, no site da Cengage: slides em PDF, glossário, estudos de caso e questões de múltipla escolha.

CAPÍTULO 1
A Ciência no Ensino Fundamental

Você já parou para pensar no que é Ciência? Trata-se de um produto ou de um processo? Como o conhecimento científico chega ao Ensino Fundamental? Como o ensino de Ciências evoluiu?

Iniciamos este livro com essas indagações com o intuito de problematizar o sentido de nossas práticas como professoras de Ciências.

O que é Ciência?

Entendemos ser necessária a discussão sobre o significado de Ciência, uma vez que as propostas de educação científica podem se tornar mais significativas à medida que aproximamos o ensino e a aprendizagem de Ciências das características do fazer científico.

Nesse sentido, entende-se que a Ciência:

- Procura explicações sistemáticas para os fatos provenientes de observações e de experimentos;
- Necessita que a interpretação dos fatos seja confirmada, aceita por outros cientistas;
- É um processo social.

Na história da humanidade, a maneira de fazer Ciência tem mudado ao longo do tempo. Admite-se que somente a partir do século XVII, com Francis Bacon, o método científico foi organizado. Ele chamou essa maneira de entender a Ciência de *ciência empírica*[1] ou *empirismo*.

Na perspectiva empirista, a observação dos fenômenos e a realização de experimentos precedem a formulação de explicação para os fatos. Esse processo é chamado de *indução*. Nessa perspectiva, o conhecimento encontra-se fora de nós, é exterior e deve ser buscado sem influência de ideias preconcebidas. O papel do cientista é extrair da natureza os conhecimentos que ali já estão previamente definidos.

A Ciência Empírica recebe diversas críticas principalmente no sentido de que:

- Não admite que o cientista seja influenciado pelas suas ideias prévias;
- Não permite nem admite a criatividade do cientista;
- Não considera o cientista parte de um contexto social, cultural e histórico;
- Não explica como é possível uma teoria ser substituída por outra ao longo da História.

Como alternativa a essa concepção de Ciência, surge o *Método Hipotético-Dedutivo*, o qual preconiza o levantamento de conclusões plausíveis em que, se as hipóteses foram verdadeiras, haverá consequências específicas. Esse processo é chamado *Dedução*.

O teste da hipótese é composto de *observação, experimentação, consistência* e *lógica interna*. Após essas etapas, a hipótese pode ser ou não aceita.

Nessas concepções de Ciência, é importante diferenciar teoria e paradigma. *Teoria* é um conjunto de conhecimentos mais amplos, que

---

[1] Empírico é relativo ao mundo natural observável. Na verdade, a ciência moderna lida com diversos fenômenos que não são diretamente observáveis, tais como as partículas fundamentais, genes, estados da mente etc. Nesse contexto amplo, empírico refere-se ao uso de informações obtidas da informação direta ou indireta, conforme Moore (1986).

procura explicar fenômenos abrangentes da natureza. Não é sinônimo de hipótese. Como exemplo, podemos citar a Teoria da Evolução. Já os *paradigmas* são as realizações científicas reconhecidas universalmente que, durante certo tempo, fornecem modelos de problemas e soluções para uma comunidade de cientistas. Como exemplos, podemos citar o Geocentrismo e o Heliocentrismo.

Breve histórico do ensino de Ciências

O ensino de Ciências é relativamente recente no Ensino Fundamental. Até a promulgação da Lei de Diretrizes e Bases da Educação de 1961, ministravam-se aulas de Ciências apenas nas duas últimas séries do antigo curso ginasial. Essa lei estendeu a obrigatoriedade do ensino da disciplina a todas as séries ginasiais. Apenas a partir de 1971, com a Lei nº 5.692, Ciências passou a ter caráter obrigatório nas oito séries do Primeiro Grau (atual Ensino Fundamental).

Conforme já ressaltamos, a Ciência é uma produção social, e o que ocorreu no ensino de Ciências no decorrer de sua história sofreu influências do que estava acontecendo na sociedade.

Krasilchik (2000) demonstrou a evolução histórica no ensino de Ciências (veja Quadro 1.1), apontando para a influência dos diferentes processos que aconteciam na sociedade no ensino dessa disciplina. Segundo essa autora, diversos movimentos paralelos de renovação do ensino foram convergindo para uma análise de um ensino com uma concepção de Ciência como "produto" para uma concepção de Ciência como "processo".

Essa síntese demonstra que o ensino de Ciências tem passado por transformações. Basta lembrar de como aprendemos Ciências e como procuramos ensinar atualmente. Houve mudanças nas escolas, na formação de professores, nos recursos pedagógicos, nos livros didáticos e no âmbito social em que todos esses aspectos estão inseridos. Exemplificando com um contexto prático, destacamos na página seguinte o trecho inicial de um livro didático de 1965, proposto para o ensino de Ciências na 2ª série ginasial (atual 7º ano).

> Com a remodelação dos estudos, o governo houve por bem introduzir na 1ª e 2ª séries do ginásio a iniciação à Ciência.
> Ciência é uma palavra curta, mas que abrange três grandes campos. Temos:
>
> a) Ciência das cousas do céu: estuda as nebulosas, os planetas, os cometas, os astros todos.
> b) Ciência das cousas da terra: estuda as pedras, os terrenos, os ventos, a água, o calor, a eletricidade etc.
> c) Ciência das cousas vivas: estuda o homem, os animais e as plantas.
>
> Trabalhamos muito para fazer dois livros que lhe dessem realmente uma ideia dos três campos da Ciência. Assim, você poderá escolher sua futura profissão com muito mais facilidade. Que será você mais tarde? Engenheiro, astronauta, médico, agrônomo? Só depois de conhecer é que você poderá optar.
>
> BOLSANELLO, A.; BOSCARDIN, N. *Caminho do cientista*: iniciação à Ciência. 32ª ed. São Paulo: FTD, 1965.

O que é possível inferir sobre os objetivos de ensino dessa disciplina por esse pequeno trecho de apresentação? Primeiro, a neutralidade com que os "campos" da Ciência são apresentados, o que pode ser confirmado no decorrer dos capítulos do livro. Outro aspecto é a importância que se dá à futura escolha da profissão, destacando aquelas relacionadas mais diretamente ao conhecimento científico. Formar cientistas era um dos principais objetivos do ensino de Ciências daquela época.

Na segunda metade do século passado, o modelo desenvolvimentista adotado, com base na industrialização acelerada, gerou sérios problemas sociais e ambientais. Os problemas relativos ao meio ambiente e à saúde começaram a aparecer nos currículos de Ciências, embora abordados em diferentes níveis de profundidade. A partir dos anos 1980, a tendência conhecida como "Ciência, Tecnologia, Sociedade" (CTS) também passou a ser incorporada ao ensino de Ciências.

Quadro 1.1 Evolução da situação mundial e do ensino de Ciências

TENDÊNCIAS NO ENSINO	SITUAÇÃO MUNDIAL			
	1950	1970	1990	2000
	GUERRA FRIA	GUERRA TECNOLÓGICA	GLOBALIZAÇÃO	
Objetivo do Ensino	• Formar Elite • Programas Rígidos	• Formar Cidadão-trabalhador • Propostas Curriculares Estaduais	• Formar Cidadão-trabalhador-estudante • Parâmetros Curriculares Federais	
Concepção de Ciência	• Atividade Neutra	• Evolução Histórica • Pensamento Lógico-crítico	• Atividade com implicações profissionais	
Instituições Promotoras de Reforma	• Projetos Curriculares • Associações Profissionais	• Centros de Ciência, Universidades	• Universidades e Associações Profissionais	
Modalidades Didáticas Recomendadas	• Aulas Práticas	• Projetos e Discussões	• Jogos: exercícios no Computador	

Fonte: Krasilchik, 2000.

Nos *Parâmetros Curriculares Nacionais* (Brasil, 1997, p. 31), apresentados pelo governo federal, são propostos os seguintes objetivos para o ensino de Ciências no nível fundamental II:

- Compreender a natureza como um todo dinâmico e o ser humano parte integrante e agente de transformações do mundo em que vive;
- Identificar relações entre conhecimento científico, produção de tecnologia e condições de vida, no mundo de hoje e em sua evolução histórica;
- Formular questões, diagnosticar e propor soluções para problemas reais a partir de elementos das Ciências Naturais, colocando

em prática conceitos, procedimentos e atitudes desenvolvidos no aprendizado escolar;
- Saber utilizar conceitos científicos básicos;
- Saber combinar leituras, observações, experimentações, registros etc., para coleta, organização e discussão de fatos e informações;
- Valorizar o trabalho em grupo, sendo capaz de ação crítica e cooperativa para a construção coletiva do conhecimento;
- Compreender a saúde como bem individual e comum que deve ser promovido pela ação coletiva;
- Compreender a tecnologia como meio para suprir necessidades humanas, distinguindo usos corretos e necessários daqueles prejudiciais ao equilíbrio da natureza e ao homem.

Sendo um documento nacional, especificidades regionais não estão contempladas e caberá ao professor esse papel. Atualmente, um dos principais objetivos do ensino de Ciências é preparar o cidadão para pensar sobre questões que exigem um posicionamento e que são muitas vezes conflituosas. O crescimento da Ciência e da tecnologia, associado a situações que agravam a miséria e a degradação ambiental, exige que os cidadãos estejam preparados para se posicionar politicamente e participar ativamente munidos de conhecimentos aprendidos na escola ou em outros espaços culturais e coerentes com os valores pessoais e sua cultura, conforme Krasilchick e Marandino (2004).

A construção do conhecimento científico na escola

O debate em que se opõem as visões empiristas e não empiristas de Ciência também ocorre no ensino. Bastos (1998) descreve detalhadamente essas diferenças, que apresentamos, de forma resumida, no Quadro 1.2.

Considerando uma perspectiva não empirista de ensino, os conhecimentos correspondem a construções da mente humana e não a descrições objetivas da realidade concreta. Nesse sentido, pesquisadores

Quadro 1.2 Comparação entre as visões empiristas e não empiristas na Ciência e no ensino

	PERSPECTIVA EMPIRISTA	PERSPECTIVA NÃO EMPIRISTA
Fazer Ciência	As leis e princípios científicos emergem dos fenômenos naturais, cabendo ao cientista extrair o conhecimento que ali já está definido.	Teorias e hipóteses são decorrentes de interpretações da realidade que levam em conta não só os fatos objetivos, mas também as visões pessoais, especulações, expectativas, preferências estéticas e motivações dos cientistas.
Aprender Ciência	O aluno aprende por absorção de informações que já estão prontas no discurso do professor, no livro, na lousa, nos fenômenos da natureza.	O conhecimento adquirido pelo aluno resulta de uma síntese pessoal, sendo uma reelaboração daquilo que é dito pelo professor ou está no livro.

Fonte: Adaptado de Bastos, 1998.

que discutem e investigam os processos de ensino e aprendizagem indicam que as atividades de ensino devem ser planejadas de modo a aproveitar, complementar, desenvolver e transformar ideias, teorias e conhecimentos que os alunos, em muitas situações, trazem consigo.

Outra questão bastante importante no ensino de Ciências é o conflito cognitivo. Não podemos deixar de considerar que a produção de conhecimentos na Ciência é estimulada por situações conflituosas. O conflito cognitivo – ou seja, fazer com que o indivíduo perceba a inadequação de suas hipóteses em relação aos novos problemas – estimula a refletir, questionar, buscar informações, pesquisar alternativas, transformar ideias. O conflito cognitivo é um importante estímulo à aprendizagem conhecida como *mudança conceitual*.

Outras possibilidades de interpretação do processo ensino e aprendizagem em Ciências têm sido propostas. Mortimer (2000) defende que os indivíduos não abandonam concepções anteriores e constroem *perfis conceituais*, em que um conceito novo passa a coexistir com o anterior.

Atualmente, renomados pesquisadores da área de ensino de Ciências, como Nardi, Bastos, Diniz e Caldeira (2004), têm proposto a necessidade de se pensar em um pluralismo de alternativas para o ensino e aprendizagem de Ciências, dependendo, entre outros aspectos, da faixa etária e da diversidade de conteúdos que são tratados. Esses autores destacam que, seja qual for o processo mental predominante durante a aprendizagem (mudança conceitual, formação de perfis conceituais,...), esta é afetada pelo que denominam *fenômeno de distorção*, processo no qual os alunos sempre constroem explicações que geram diferentes graus de dificuldade em interpretar e construir explicações científicas aos conceitos.

Pelo exposto, podemos destacar alguns tópicos importantes em relação ao processo de ensino e aprendizagem em Ciências:

- Reconhecer a existência de concepções espontâneas (conhecimentos prévios);
- Entender que o processo de aprendizagem de conteúdos científicos requer construção e reconstrução de conhecimentos;
- Aproximar a aprendizagem de Ciências das características do fazer científico;
- Propor a aprendizagem a partir de situações-problema;
- Reconhecer o caráter social da construção do conhecimento científico;
- Entender o pluralismo que envolve o processo ensino e aprendizagem em Ciências.

Concordamos com Carvalho *et al* (1998) ao afirmar que "o ensino somente se realiza e merece este nome se for eficaz e fizer o aluno aprender. O trabalho do professor, portanto, deve direcionar-se totalmente para a aprendizagem dos alunos. (...). O ensino e a aprendizagem devem ser vistos como uma unidade".

CAPÍTULO 1   A Ciência no Ensino Fundamental

É importante ressaltar que, quando pequenas, ainda na fase pré-escolar, as crianças geralmente têm uma relação prazerosa com os conhecimentos relacionados aos fenômenos da natureza e da sociedade. Sentem satisfação em formular questões sobre o assunto, fazer explorações e descobertas, levantar hipóteses e tentar explicar o mundo à sua volta. No entanto, o que se percebe é que, no decorrer da escolaridade, essa relação prazerosa com o conhecimento muitas vezes vai se perdendo. Uma das tarefas do professor do Ensino Fundamental é evitar que isso aconteça, proporcionando atividades que propiciem um aprendizado prazeroso e com significado.

A partir do entendimento da complexidade do processo de ensinar, o uso de estratégias de ensino diferenciadas nas aulas de Ciências tende a maximizar as aprendizagens de estudantes em diferentes contextos e conteúdos. Concordando com a ideia da necessidade de um pluralismo metodológico, conforme Laburú, Arruda e Nardi (2003), é que buscamos propor atividades diversificadas associadas a diferentes conteúdos de Ciências no Ensino Fundamental. Esperamos que as reflexões e atividades possam contribuir com os esforços dos professores em ensinar Ciências com significado e qualidade.

Atividade

SIMULAÇÃO

Nesta atividade é proposto um *role play* (jogo de papéis) no qual todos foram convocados para uma reunião de um conselho imaginário de Educação, em que se discute qual deve ser a posição da disciplina Ciências na grade curricular do Ensino Fundamental II (6º ao 9º ano). Pode ser realizada por professores, em cursos de formação, ou até mesmo por alunos. A classe será dividida em quatro grupos que sortearão as propostas. Há quatro propostas em discussão:

1. Ciências, assim como algumas outras disciplinas, deixaria de constar na grade do Ensino Fundamental II.

A intenção é dar ao Ensino Fundamental II um caráter mais instrumental para a inserção do jovem no mercado de trabalho. A grade curricular seria aliviada de disciplinas como Ciências, Artes etc. e teria acrescidas ou implementadas disciplinas como Língua Estrangeira, Português Instrumental, Informática Aplicada, Matemática Aplicada, entre outras.

2. A disciplina Ciências seria desmembrada em Biologia, Física e Química, ministrada por especialistas dessas áreas.
Do ponto de vista prático, a carga didática seria dividida em três, mas as disciplinas seriam ministradas por profissionais formados especificamente em cada uma das áreas, aprofundando os conceitos.

3. A disciplina Ciências se uniria com História e Geografia, passando a integrar uma disciplina chamada "Ciências Naturais e Humanas".
Do ponto de vista prático, também aliviaria a grade curricular para a inserção de outras disciplinas. Do ponto de vista teórico, busca sustentação na argumentação em favor da interdisciplinaridade. Por ser no Ensino Fundamental, qualquer docente com licenciatura plena nessas áreas estaria habilitado a lecionar essa disciplina.

4. A grade ficaria como está atualmente.
Este grupo deve contra-argumentar as propostas anteriores.

Os grupos devem discutir e propor argumentos de acordo com a proposta que irão defender.

Referências bibliográficas

BASTOS, F. Construtivismo e ensino de Ciências. In: NARDI, R. (org.) *Questões atuais no ensino de Ciências:* tendências e inovações. São Paulo: Escrituras, 1998.

BRASIL. Ministério da Educação. *Parâmetros Curriculares Nacionais:* Ciências Naturais. Brasília: MEC/SEF, 1997.

CARVALHO, A. M. P. de (et al.). *Ciências no ensino fundamental*: o conhecimento físico. São Paulo: Scipione, 1998.

KRASILCHIK, M. Reformas e realidade: o caso do ensino das ciências. *São Paulo em Perspectiva*, 14(1), 2000, p. 85-93.

KRASILCHIK, M.; MARANDINO, M. *Ensino de Ciências e cidadania*. São Paulo: Moderna, 2004. (Coleção Cotidiano escolar)

LABURÚ, C. E.; ARRUDA, S. M. de; NARDI, R. Pluralismo metodológico no ensino de Ciências. *Ciência e Educação*, v. 9, n. 2, p. 247-260, 2003.

NARDI, R.; BASTOS, F.; DINIZ, R. E. S.; CALDEIRA, A. M. A. Da necessidade de uma pluralidade de interpretações acerca do processo de ensino e aprendizagem em Ciências: revisitando os debates sobre o construtivismo. In: NARDI, R.; BASTOS, F.; DINIZ, R. E. *Pesquisas em Ensino de Ciências:* contribuições para a formação de professores. São Paulo: Escrituras, 2004, p. 9-55.

MOORE, J. A. Science as a way of Knowing – Genetics. *Amer. Zool.* v. 26: p. 583-747, 1986. Tradução e adaptação obtida no *site* http://genoma.ib.usp.br/grupo/amabis. Acesso em: 30 jun. 2009.

MORTIMER, E. F. *Linguagem e formação de conceitos no ensino de Ciências*. Belo Horizonte: Editora UFMG, 2000.

CAPÍTULO 2
A questão ambiental e sua abordagem no Ensino Fundamental

Qual é o papel do professor de Ciências com relação ao trabalho com temas interdisciplinares? Existe uma única forma de trabalhar com Educação Ambiental na escola básica? Como incentivar professores e alunos a participar efetivamente de práticas individuais e coletivas voltadas à minimização dos problemas ambientais? Quais as possibilidades pedagógicas diante dessa temática?

Você já vivenciou ou protagonizou alguma atividade de Educação Ambiental em sua escola ou em seu município? Como foi essa atividade? Que objetivos conseguiu atingir? Foi pontual ou contínua?

Neste capítulo, convidamos você a discutir e refletir um pouco sobre esse tema.

Introdução

A Educação Ambiental vem se consolidando como uma prática educativa integrada, que pode ocorrer em diversos contextos, podendo oferecer uma contribuição muito grande ao processo educativo em geral e à formação de cidadãos mais conscientes do seu papel na sociedade, em relação aos outros e ao meio ambiente. No Quadro 2.1 a seguir, pontuamos alguns acontecimentos que, desde 1972, têm contribuído para a consolidação da Educação Ambiental no país e no contexto mundial.

Quadro 2.1 Acontecimentos que influenciaram a Educação Ambiental no Brasil e, particularmente, no Estado de São Paulo

ANO	ACONTECIMENTOS
1972	Publicação do relatório *Os limites do crescimento* – Clube de Roma. Conferência de Estocolmo – Recomendação 96: Educação e Meio Ambiente.
1975	Carta de Belgrado – Estabelece as metas e princípios da Educação Ambiental.
1977	Conferência de Tiblisi, Geórgia – Estabelece princípios orientadores da Educação Ambiental e enfatiza seu caráter interdisciplinar, crítico, ético e transformador.
1984	O Conselho Nacional do Meio Ambiente (Conama) apresenta uma resolução estabelecendo diretrizes para a Educação Ambiental. I Encontro Paulista de Educação Ambiental – Sorocaba/SP.
1986	I Seminário Nacional sobre Universidade e Meio Ambiente – Brasília/DF.
1987	Divulgação do relatório da Comissão Brundtland – *Nosso Futuro Comum*. Congresso Internacional Unesco/PNUMA sobre Educação e Formação Ambiental. O Parecer nº 226/87 do MEC propõe a inclusão da Educação Ambiental nos currículos escolares. II Seminário Universidade e Meio Ambiente – Belém/PA.
1988	A Constituição Brasileira destaca a necessidade de promover a Educação Ambiental em todos os níveis de ensino e a conscientização pública para a preservação do meio ambiente. I Fórum de Educação Ambiental – São Paulo/SP. I Simpósio Estadual sobre Meio Ambiente e Educação Universitária – São Paulo.
1989	II Simpósio Estadual sobre Meio Ambiente e Educação Universitária – São Paulo/SP. III Seminário Nacional sobre Universidade e Meio Ambiente – Cuiabá/MT.

(continua)

CAPÍTULO 2   A questão ambiental e sua abordagem no Ensino Fundamental

(continuação)

ANO	ACONTECIMENTOS
1990	I Curso Latino-Americano de Especialização em Educação Ambiental PNUMA - Ibama-CNPq-Capes-UFMT. III Simpósio Estadual sobre Meio Ambiente e Educação Universitária – São Paulo/SP. IV Seminário Nacional sobre Universidade e Meio Ambiente – Florianópolis/SC.
1991	Portaria nº 678/91/MEC institui que todos os currículos dos diversos níveis devem contemplar a Educação Ambiental. II Fórum de Educação Ambiental – São Paulo/SP.
1992	Rio 92 – Conferência sobre Meio Ambiente e Desenvolvimento (Agenda 21; Carta da Terra; Tratado de Educação Ambiental para Sociedades Sustentáveis; Fórum das ONGs; Convenção da Diversidade Biológica).
1994	Programa Nacional de Educação Ambiental (Pronea) (MMA-Ibama-MEC-MCT-MINC). III Fórum de Educação Ambiental – São Paulo/SP. I Congresso Ibero-Americano de Educação Ambiental Guadalajara, México.
1996	Início da transmissão da TV Escola, que tem blocos de programação com o tema Meio Ambiente.
1997	Edição dos Parâmetros Curriculares Nacionais (PCNs) de 1ª a 4ª série, incluindo o Meio Ambiente como um tema transversal. I Conferência Nacional de Educação Ambiental – Brasília/DF – Carta de Brasília. I Teleconferência Nacional de Educação Ambiental e Teleconferências Regionais – MEC.
1997	IV Fórum de Educação Ambiental e I Encontro da Rede de Educadores Ambientais – Guarapari/ES. Conferência Internacional sobre Meio Ambiente e Sociedade: Educação e Conscientização Pública para a Sustentabilidade – Tessalônica – Grécia. II Congresso Ibero-Americano de Educação Ambiental – México.
1998	Resolução nº 2/98 institui as Diretrizes Curriculares Nacionais para o Ensino Fundamental – O tema meio ambiente é considerado um dos aspectos a ser articulados para a formação cidadã. Edição dos Parâmetros Curriculares Nacionais (PCNs) de 5ª a 8ª séries, incluindo o Meio Ambiente como um tema transversal. Em São Paulo, o Decreto 42.798/98 institui o programa Núcleos Regionais de Educação Ambiental.

(continua)

(continuação)

ANO	ACONTECIMENTOS
1999	Promulgação da Lei nº 9795 que institui a Política Nacional de Educação Ambiental, define a Educação Ambiental, princípios e finalidades, além das tarefas que cabem às organizações governamentais e não governamentais. Conferência Internacional Carta da Terra na Perspectiva da Educação. Seminário sobre Educação Ambiental – Desenvolvimento de cursos e projetos – São Paulo/SP. 1º Encontro Estadual de Educação Ambiental – Santo André/SP.
2000	III Congresso Ibero-Americano de Educação Ambiental – Venezuela
2001	1º Encontro Pesquisa em Educação Ambiental – Unesp – Rio Claro/SP. Publicado o kit PCN em Ação – Meio Ambiente na Escola.
2002	Encontro da Rio + 10 na África do Sul.
2003	2º Encontro Estadual de Educação Ambiental – Rio Claro/SP. 2º Encontro de Pesquisa em Educação Ambiental – UFSCar – São Carlos/SP.
2003	I Congresso Mundial de Educação Ambiental – Portugal. IV Congresso Ibero-Americano de Educação Ambiental: um mundo melhor é possível – Havana, Cuba.
2004	V Fórum de Educação Ambiental, em Goiânia/GO.
2005	II Congresso Mundial de Educação Ambiental – Rio de Janeiro. III Encontro de Pesquisa em Educação Ambiental – USP/Unesp/UFSCar.
2006	V Congresso Ibero-Americano de Educação Ambiental – Brasil.
2007	III Congresso Mundial de Educação Ambiental – África do Sul. VI Fórum de Educação Ambiental – Rio de Janeiro. IV Encontro de Pesquisa em Educação Ambiental – USP/Unesp/UFSCar.
2009	IV Congresso Mundial de Educação Ambiental – Canadá. VI Congresso Ibero-americano de Educação Ambiental – Argentina. V Encontro de Pesquisa em Educação Ambiental – USP/Unesp/UFSCar.

Ressaltamos, inicialmente, que o conceito de meio ambiente e, consequentemente, de Educação Ambiental não é algo fechado e consensualmente estabelecido. É, sim, fonte de muitas controvérsias, tendências e concepções, até mesmo para os próprios pesquisadores da área.

Para tanto, antes de iniciarmos o trabalho com essa temática, temos de identificar as concepções de meio ambiente, tanto nossas quanto as de nossos alunos. Reigota (1995), partindo de diversas definições sobre o meio ambiente, indica que não existe um consenso sobre o significado do tema na comunidade científica e em geral. *Meio ambiente* não seria, portanto, um conceito científico, pois estes são termos entendidos e utilizados universalmente como tais. Por seu caráter difuso e variado, esse autor considera a noção de meio ambiente uma representação social e ressalta que "o primeiro passo para a realização da educação ambiental deve ser a identificação das representações das pessoas envolvidas no processo educativo".

Reigota (1995) classificou as representações sociais mais comuns de meio ambiente em *naturalistas, globalizantes* e *antropocêntricas*. De forma resumida, a representação social naturalista seria a que mostra evidências apenas de elementos naturais, englobando aspectos físico-químicos, o ar, a água, o solo, os seres vivos (fauna e flora). A representação globalizante mostra a evidência de interações entre os aspectos sociais e naturais. Já a antropocêntrica evidencia a utilidade dos recursos naturais para a sobrevivência dos seres humanos.

É importante percebermos que o nosso conceito de Educação Ambiental está ligado à nossa representação de meio ambiente e precisamos discutir coletivamente sobre elas.

Segundo Krasilchik (1994) a expressão *educação ambiental* surgiu como um dos resultados da conscientização da grave crise ambiental pela qual passava o mundo industrializado e estava relacionada ao componente educacional que visava à melhoria das relações do ser humano no ambiente. A Educação Ambiental tem sido apontada pelas pesquisas recentes como componente de uma cidadania abrangente e associada a uma nova forma de relação entre sociedade e o ambiente.

Pela inexistência de um conceito único que caracterize Educação Ambiental, autores apontam para a necessidade de que seja delimitado claramente o seu âmbito, principalmente pelo grande número de atividades que hoje se agrupam sob esse termo.

O Tratado de Educação Ambiental para Sociedades Sustentáveis e de Responsabilidade Global, escrito durante a Rio 92, define a Educação Ambiental como

> (...) um processo de aprendizagem permanente, baseado no respeito a todas as formas de vida. Tal educação afirma valores e ações que contribuem para a transformação humana e social e para a preservação ecológica. Ela estimula a formação de sociedades socialmente justas e ecologicamente equilibradas, que conservam entre si relações de interdependência e diversidade.

Apresentamos duas outras definições sobre o tema, que abrangem questões socioambientais e de cidadania: "A Educação Ambiental visa não só à utilização racional dos recursos naturais, mas basicamente à participação dos cidadãos nas discussões e decisões sobre a questão ambiental" (Reigota, 1995).

> A educação ambiental implica nova concepção da experiência escolar e do papel da própria escola. A articulação de seus conceitos, métodos, estratégias e objetivos é complexa e ambiciosa: inclui dimensões ecológicas, históricas, culturais, sociais, políticas e econômicas da realidade e a construção de uma sociedade baseada em princípios éticos e de solidariedade. Pretende-se o exercício pleno da cidadania local, regional, nacional, planetária (...) é vista como condição fundamental – entre outras tão relevantes quanto ela – para o Brasil deixar a miséria, a desigualdade social aguda e o analfabetismo político para trás (Rodrigues, 1997).

Algumas pesquisas propõem categorias para entender a diversidade de concepções de Educação Ambiental existentes atualmente no Brasil. Com o objetivo de auxiliar professores e professoras nas análises e proposições de ações em Educação Ambiental, tendo como norte uma perspectiva crítica, apresentamos no Quadro 2.2 uma classificação em três categorias de Educação Ambiental: *conservadora*, *pragmática* e *crítica*.

A categoria da Educação Ambiental Conservadora se pauta em concepções que remontam a práticas ambientalistas que partiam de

CAPÍTULO 2 A questão ambiental e sua abordagem no Ensino Fundamental

Quadro 2.2 Concepções de Educação Ambiental

CONSERVADORA	PRAGMÁTICA	CRÍTICA
• Dicotomia ser humano-ambiente.	• Antropocentrismo (ser humano como centro de tudo).	• Ser humano pertence à teia de relações sociais, naturais e culturais e vive em interação.
• Ser humano visto como "destruidor".	• Perspectiva fatalista – precisa proteger o ambiente para poder sobreviver.	• Relação com o meio é historicamente determinada.
• Propõe retorno à natureza primitiva.	• Lei de ação e reação (natureza vingativa).	• Propostas de atividades necessariamente interdisciplinares.
• Ser humano faz parte da natureza em sua dimensão biológica.	• Atividades "técnicas/instrumentais" sem propostas de reflexão (por exemplo, apenas separar materiais para reciclagem ou ganhar brindes para isso).	• Exploram-se potencialidades ambientais locais/regionais.
• Atividades de contemplação.		• Reconhecimento de conflitos. Ênfase na participação coletiva.
• Datas comemorativas – atividades pontuais.	• Resolução de problemas ambientais como atividade-fim.	• Resolução de problemas como temas geradores.
• Atividades externas com fim em si mesmas.	• Propostas de atuação individual.	• Questões de igualdade de acesso aos recursos naturais e distribuição desigual de riscos ambientais são discutidas.
	• Proposta de modelos de comportamento ambiental.	

Fonte: Adaptado de Silva, 2007.

um ideário romântico, inspirador do movimento preservacionista do final do século XIX. Sua característica principal é a ênfase na proteção ao mundo natural, sem relação com as questões sociais. Também aparecem características que propõem a volta às condições primitivas de vida. São apresentados os problemas ambientais mais aparentes, desprezando-se as causas mais profundas. Ocorre uma relação dicotômica entre o ser humano e o ambiente, no qual o primeiro é apresentado como destruidor.

A Educação Ambiental Pragmática apresenta o foco na ação, na busca de soluções para os problemas ambientais e na proposição de normas a ser seguidas. Essa categoria de Educação Ambiental pode ter raízes em uma forma de ambientalismo mais pragmático e em concepções de educação tecnicistas. Busca mecanismos que compatibilizem desenvolvimento econômico e manejo sustentável de recursos naturais (desenvolvimento sustentável). A ênfase é na mudança de comportamento individual, por meio da quantidade de informações e de normas ditadas por leis e por projetos governamentais. Embora haja o discurso da cidadania e sejam apresentadas questões sociais como parte do debate ambiental, os conflitos oriundos dessa relação ainda não aparecem. Por exemplo, a questão dos resíduos sólidos é frequentemente abordada com destaque apenas à importância de separação para a coleta seletiva, conhecendo-se as cores das lixeiras específicas e a importância das cooperativas. Embora esse trabalho seja necessário, em uma perspectiva crítica deve-se discutir a questão do excesso de resíduos também à luz dos valores que têm norteado a sociedade de consumo, identificando e problematizando a responsabilidade de empresas, poder público e cidadãos na questão da redução de resíduos.

Para a Educação Ambiental escolar, entendemos a pertinência da escolha por uma concepção crítica, que privilegia a dimensão política (esfera das decisões comuns) da questão ambiental e questiona o modelo econômico vigente. Apresenta a necessidade do fortalecimento da sociedade civil na busca coletiva de transformações sociais. Ao contrário de pensar em uma intervenção apenas solucionadora de determinado problema ambiental, a perspectiva da Educação Ambiental Crítica se apoia na práxis, na qual a reflexão subsidia a ação e esta, por sua vez, traz novos elementos para a reflexão.

Loureiro (2006) ressalta que "(...) as proposições críticas admitem que o conhecimento é uma construção social, historicamente datada, não neutra, que atende a diferentes fins em cada sociedade, reproduzindo e produzindo relações sociais (...)". O autor destaca que para a tradição crítica não cabe: discutir conservação sem considerar os processos sociais que levaram ao atual quadro de esgotamento e extinção; falar em mudanças de comportamentos sem pensar como cada indivíduo vive, seu contexto e suas possibilidades concretas de fazer escolhas; defender uma forma de pensar a natureza, ignorando como cada civilização, cada sociedade e cada comunidade interagiam nela e definiam representações sobre ela; como produziam, geravam cultura e estilos de vida e como isso se dá hoje.

É importante ressaltar, também, que a problemática ambiental não pode ser compreendida de forma crítica sem a integração de campos diversos do saber.

Interdisciplinaridade

A importância do trabalho interdisciplinar com a temática ambiental nos Ensinos Fundamental e Médio já foi destacada em muitos documentos[1], bem anteriores à edição dos PCNs e da Política Nacional de Educação Ambiental.

Independentemente do aparato legal existente, é necessário que cada profissional de ensino, mesmo especialista em determinada área do conhecimento, seja um dos agentes da interdisciplinaridade que o tema meio ambiente exige. Essa interdisciplinaridade deve ser buscada por meio de uma estruturação institucional da escola que reflita na organização curricular.

Carvalho (1998) define interdisciplinaridade como:

> (...) uma maneira de organizar e produzir conhecimento, buscando integrar as diferentes dimensões dos fenômenos estudados. Com isso, pretende-se superar uma visão especializada e fragmentada do conhecimento em direção à compreensão da complexidade e da interdependência dos fenômenos da natureza e da vida. Por isso é que podemos também nos referir à interdisciplinaridade como postura, como nova atitude diante do ato de conhecer.

---

[1] Na Carta de Belgrado, escrita em 1975, que estabelece as metas e princípios da Educação Ambiental, e a Conferência de Tiblisi, Geórgia, em 1977, que estabelece princípios orientadores da Educação Ambiental, já enfatizam seu caráter interdisciplinar, crítico, ético e transformador.

Fazenda (1993) destaca que "no projeto interdisciplinar não se ensina nem se aprende, vive-se, exerce-se. A responsabilidade individual é a marca do projeto interdisciplinar, mas essa responsabilidade está imbuída do envolvimento – envolvimento este que diz respeito ao projeto em si, às pessoas e às instituições a ele pertencentes".

O trabalho interdisciplinar leva características da história de vida de cada um dos professores. Os diálogos são construídos sobre a diversidade. Não se desconsidera a importância do conhecimento específico de cada disciplina. Entendemos que, para a realização de um trabalho interdisciplinar, cada professor deve, antes de mais nada, ser competente na própria disciplina.

Um dos fundamentos da prática interdisciplinar é o respeito ao modo de ser de cada um, pois a interdisciplinaridade decorre mais do encontro de indivíduos do que de disciplinas[2]. Cabe destacar que há semelhanças entre o pensar interdisciplinar e o ato científico. Ambos requerem fundamentalmente uma postura pesquisadora, a permanência do desejo de vasculhar o desconhecido e de ousar. É um permanente redescobrir daquele que ensina, daquele que aprende e da relação que se refaz constantemente[3].

Nos Parâmetros Curriculares Nacionais, os conteúdos de Meio Ambiente, juntamente com Saúde, Pluralidade Cultural, Ética, Orientação Sexual, Trabalho e Consumo, foram apresentados como Temas Transversais.

Segundo os PCNs, o trabalho com a proposta da transversalidade se define em torno de quatro pontos:

- Os temas não constituem novas disciplinas, pressupondo um tratamento integrado nas diferentes áreas.
- A proposta de transversalidade traz a necessidade de a escola refletir e atuar conscientemente na educação de valores e atitudes em todas as áreas, garantindo que a perspectiva político-social se expresse no direcionamento do trabalho pedagógico.

---

[2] Veja Fazenda (1995).
[3] Veja Cascino (1999).

CAPÍTULO 2   A questão ambiental e sua abordagem no Ensino Fundamental

- A perspectiva transversal aponta para uma transformação da prática pedagógica, pois rompe o confinamento da atuação dos professores às atividades pedagogicamente formalizadas e amplia a responsabilidade com a formação dos alunos.
- A inclusão dos temas implica a necessidade de um trabalho sistemático e contínuo no decorrer de toda a escolaridade, o que possibilitará um tratamento cada vez mais aprofundado das questões eleitas.

O documento apresenta as semelhanças e diferenças entre a interdisciplinaridade e a transversalidade. Ambas se fundamentam na crítica de uma concepção de conhecimento que toma a realidade como um conjunto de dados estáveis, apontam para a complexidade do real e a necessidade de considerar a teia de relações entre os seus diferentes e contraditórios aspectos. Mas diferem uma da outra, uma vez que a interdisciplinaridade se refere a uma abordagem epistemológica dos objetos de conhecimento, enquanto a transversalidade diz respeito principalmente à dimensão da didática.

O mais importante são o reconhecimento e a valorização das diferentes áreas para o trabalho com a temática ambiental. Cada disciplina pode buscar as relações entre seus conteúdos e linguagens e a temática ambiental que está sendo estudada. Na área de Ciências, as relações entre os conteúdos curriculares e a temática ambiental são mais facilmente reconhecidas, uma vez que temas como biodiversidade, fotossíntese, cadeia alimentar, ecossistemas, entre outros, já fazem parte do programa. Mas o professor de Ciências deve procurar discutir com as outras áreas as possibilidades de conexões, pois os conceitos de ecologia não esgotam a complexidade da temática ambiental. A área de Geografia possibilita a compreensão do espaço e a utilização de diferentes linguagens para representá-lo. As áreas de Português e Artes permitem, por meio de diversas formas de expressão, reconhecer as representações do grupo sobre um determinado local e trabalhar com a percepção ambiental. A linguagem matemática possibilita a compreensão de vários aspectos do meio, assim como o meio também auxilia na sua compreensão. Já a

História permite a reconstrução do que foi vivido naquele espaço. Esses são apenas alguns exemplos, mas em cada situação e projeto conjunto, a contribuição de cada disciplina pode se diversificar.

Pontuschka (1996) apresenta um trabalho com Educação Ambiental em uma escola pública com essa perspectiva interdisciplinar. A autora destaca que há dificuldades em se trabalhar pelo caminho da interdisciplinaridade, mas que é possível quando existem perseverança e compromisso por parte dos professores.

Planejamento em Educação Ambiental

A Educação Ambiental pode ser realizada em diferentes contextos: escola, empresa, parques, organizações governamentais e não governamentais, associações de bairro, condomínios, entre outros. Em qualquer contexto, ela deve ser planejada pensando nos objetivos que se pretende alcançar, na metodologia que será utilizada, seus conteúdos e formas de avaliação que contemplem sua especificidade.

Os objetivos da Educação Ambiental foram definidos na Carta de Belgrado, em 1975, e continuam válidos até hoje: *conscientização, conhecimento, atitude, competência, capacidade de avaliação* e *participação*.

Os objetivos relacionados à *conscientização* são aqueles que buscam levar os indivíduos e os grupos associados a tomarem consciência do meio ambiente global e de problemas conexos e a se sensibilizarem. Nesse conceito há uma grande valorização do componente reflexivo, buscando formar uma pessoa consciente de que faz parte do meio ambiente e que, por ser dotada de capacidade de raciocínio, tem condições para interferir nesse meio de diferentes formas.

Quanto aos objetivos relacionados ao *conhecimento*, seriam aqueles que buscam levar os indivíduos e os grupos a adquirir uma compreensão fundamental do meio ambiente global, dos problemas que estão a ele interligados e o papel e o lugar da responsabilidade crítica do ser humano. Nos programas de Educação Ambiental que ocorrem no âmbito da educação formal, os objetivos relacionados ao conhecimento costumam ser os mais frequentes.

Já aqueles relacionados à *competência* seriam os que buscam levar os indivíduos e os grupos a adquirir habilidades (saber fazer) necessárias à solução de problemas. Embora a competência seja um aspecto importante, sozinha ela não será suficiente para diminuir os problemas relacionados às questões ambientais.

Outro objetivo seria o da *capacidade de avaliação*, que estaria relacionado com a possibilidade de levar os indivíduos e os grupos a avaliarem medidas e programas relacionados ao meio ambiente em função de fatores de ordem ecológica, política, econômica, social, estética e educativa. Em sua prática pedagógica, o professor entra em contato com diversos materiais produzidos por órgãos públicos ou privados, e até por empresas que produzem recursos didáticos relacionados à área, além dos livros didáticos. Por isso, é importante essa capacidade avaliativa.

O objetivo de *participação* é aquele que estimula indivíduos e grupos a entender a responsabilidade, os direitos e os deveres que todos têm com relação a uma melhor qualidade de vida; desenvolver um sentido de responsabilidade e um sentimento de urgência, que garantam a tomada de medidas adequadas à resolução dos problemas do ambiente; procurar nas pessoas o desejo de participar na construção de sua cidadania.

A participação está por trás de todas as decisões em Educação Ambiental. Já o objetivo associado à *atitude* é aquele que busca ajudar os indivíduos e os grupos sociais a adquirir os sistemas de valores que incluam interesse pelo ambiente e uma motivação para atuar na melhoria da qualidade do ambiente. Cabe diferenciar aqui o sentido de atitude e comportamento proposto por Carvalho (2004):

> Atitudes são predisposições para que um indivíduo se comporte de tal ou qual maneira, e assim podem ser preditivas de comportamentos. Contudo, não há determinação do tipo causa e efeito que nos permita traçar correspondência direta entre a formação de atitudes e o plano de comportamentos. Estes últimos são as ações observáveis, efetivamente realizadas, e podem estar ou não de acordo com as atitudes do sujeito.

Dessa forma, a formação de uma atitude ecológica pressupõe a identificação dos alunos e professores com a questão ambiental. A discussão sobre os próprios valores em grupo e a busca da melhoria desses valores complementa todos os outros objetivos.

Tendo em vista a necessidade do trabalho interdisciplinar com a temática ambiental, o grupo de professores deverá estabelecer a forma como pretende atingir os objetivos propostos, levando em consideração, principalmente, os alunos com os quais estão trabalhando. Muitas são as alternativas metodológicas e já temos várias referências sobre o assunto.

Para identificação das representações sociais de meio ambiente, podem-se utilizar a análise do discurso escrito, interpretação de imagens, análise de textos de jornais e revistas, discussões coletivas etc.

Quanto aos trabalhos em grupo, estes são de fundamental importância no processo de educação ambiental, na construção coletiva de soluções e medidas de atuação.

Outras metodologias utilizadas são palestras com especialistas, estudos de casos, visitas programadas a usinas de reciclagem, indústrias, parques públicos, instituições de pesquisa, reservas ambientais, entre outras. As visitas propiciam situações de observação, comparação e experimentação, favorecendo o estabelecimento de relações significativas entre o conhecimento, atividades produtivas e vida cotidiana de uma comunidade. É importante destacar que essas visitas não devem ter um fim em si mesmas, e sim propiciar, posteriormente, atividades de reflexão e discussão. Isso pode ser feito trabalhando com a metodologia do Estudo do Meio, pois envolve o conhecimento de várias disciplinas, possibilitando um intercâmbio de professores de várias áreas.

A resolução de problemas também é uma metodologia pertinente às atividades de Educação Ambiental. É necessário considerar que a resolução de problemas ambientais locais passa a ser um tema gerador, para o qual a concepção pedagógica é comprometida com a compreensão e a transformação da realidade e não somente como atividade fim,

CAPÍTULO 2 A questão ambiental e sua abordagem no Ensino Fundamental

que visa à resolução pontual do problema abordado (Layrargues, 1999). Dessa forma, o componente reflexivo é tão importante quanto o ativo.

Uma boa ferramenta de trabalho em Educação Ambiental é a elaboração de projetos teórico-práticos ou de projetos de ação que tornem o processo pedagógico mais dinâmico e democrático, no qual alunos e professor constroem juntos o conhecimento.

A Educação Ambiental utiliza *conteúdos* de várias disciplinas e não deve estar baseada apenas na transmissão de conceitos. O conteúdo depende muito do público com que se está trabalhando. É importante que seja originado do levantamento da problemática ambiental local, embora sem deixar de situar o problema específico dentro do contexto global.

Devem ser abordados conteúdos socioambientais, que apresentem tópicos de abordagem histórica, cultural, ecológica, política e econômica, não esquecendo de refletir também sobre as políticas públicas e legislação ambiental regional e nacional, que são elementos essenciais para a construção da cidadania.

Carvalho (2001) considera três dimensões fundamentais para a formação do educador para a temática ambiental: 1) a dimensão relacionada à natureza dos conhecimentos presentes nos diferentes programas de formação; 2) a dimensão relacionada aos valores éticos e estéticos que têm sido veiculados por esses programas; 3) o tratamento dado às possibilidades de participação política do indivíduo, tendo como metas a formação de cidadãos e a construção de uma sociedade democrática.

Nos conteúdos relacionados ao tema, o ser humano deve ser apresentado em suas dimensões biológicas, históricas, sociais, políticas e psicológicas. Nessa visão, segundo Carvalho (2004), o homem não é mais a presença intrusa e destruidora, mas um agente que pertence à teia de relações da vida social, natural e cultural e interage com ela.

Um dos momentos mais difíceis da prática pedagógica é a *avaliação*. Saber o que se quer avaliar, a quem e por quê são perguntas que precisam ser respondidas antes de pensar em como fazer essa avaliação, um processo que constitui em si mesmo uma aprendizagem.

A avaliação é contextualizada a partir de três características básicas, que rompem com a tradicional noção de estar associada a medidas de controle: como fonte de informação que permite compreender a prática pedagógica e, portanto, reforçar e melhorar as atividades educativas; como momento de aprendizagem e como avaliação dos alcances do processo em seu conjunto. Não se trata de avaliar apenas aqueles que se submetem ao processo, mas também toda a equipe e o próprio projeto do curso, conforme Alba e Gaudiano (1997).

Algumas sistemáticas de avaliação em Educação Ambiental envolvem: relatórios de atividades, desempenho na elaboração e aplicação de projetos, seminários, portfólios, autoavaliação, entre outros. A avaliação está muito relacionada aos objetivos que se pretende alcançar. Por isso, é importante avaliar também as mudanças de comportamento, a conscientização, a participação, a competência e a capacidade de avaliação.

A autoavaliação tem sido apresentada como um instrumento importante para estimular a reflexão e o diálogo entre professores e alunos e para que se possam perceber as mudanças de comportamento e valores para além das situações escolares.

A seguir, apresentamos algumas questões de autoavaliação que podem ser respondidas ao final de cada trabalho.

- Qual o entendimento de meio ambiente após as discussões?
- O que mudou no meu cotidiano?
- Pretendo participar mais intensamente dos debates e atividades relacionados à questão?
- Como vou agir em relação aos que estão ao meu redor?

Algumas possibilidades de trabalho com a temática ambiental

a) Atividades extraclasse

É praticamente consenso entre professores de Ciências que as atividades extraclasse enriquecem o currículo e auxiliam na aquisição de conhecimentos e na visão de mundo dos alunos. Neste texto, consideramos como atividade extraclasse toda vez que "a escola sai da escola", podendo ser caracterizada de diversas formas, de acordo com os objetivos que se pretende atingir: estudo do meio, trabalho de campo (meio natural), visita a museus, visitas diversas (indústrias, estação de tratamento de água, aterro sanitário), teatro, cinema, entre outros.

Segundo os professores de Ciências da Prefeitura Municipal de Itatiba[4], as principais contribuições das atividades extraclasse no ensino de Ciências são: maior aquisição de conhecimentos, integração entre teoria e prática, conhecimento de novos materiais e recursos pedagógicos, motivação dos alunos, despertar a vontade de aprender, vivência prática, "fugir das figuras e histórias trazidas pelos livros didáticos", inovação na aprendizagem dos conteúdos, troca de experiências, aperfeiçoamento do professor e mostrar a Ciência como parte do cotidiano.

No entanto, também não podemos deixar de considerar as dificuldades para realizar as atividades fora da escola, como: burocracia para conseguir sair da escola, ausência de alguns alunos, dificuldades financeiras, maior risco de acidentes, dificuldades de transporte. Embora, devido aos fatores apresentados, a saída da escola não seja uma atividade muito frequente, tem uma importância fundamental no ensino de Ciências, e particularmente para a Educação Ambiental.

Uma atividade extraclasse, assim como qualquer outra, não pode prescindir de um planejamento que tenha os objetivos e conteúdos que serão trabalhados em campo. Também é importante que o professor possibilite aos alunos o tempo necessário para a apreciação da visita, pois muitas vezes eles ficam tão ocupados preenchendo relatórios e questionários que não aproveitam todo o potencial do local.

Krasilchik (2004) aponta para algumas etapas da organização de um trabalho extraclasse:

- Preparação: reconhecimento do local escolhido, pesquisas sobre o local, discussões e identificação do que deve ser investigado.

---

[4] Informações coletadas por meio de questionários e discussões em um curso oferecido para professores de Ciências do município de Itatiba, em 2005.

- Elaboração de um roteiro de trabalho, contendo instruções para os procedimentos dos alunos.
- Trabalho de campo propriamente dito.
- Trabalho de classe para organização dos dados e exame do material coletado.
- Descrição dos dados para elaboração de uma síntese final.

Outro aspecto importante das saídas da escola, ressaltado por Krasilchik (2004), é a questão das relações entre alunos e professores, que fora do formalismo da sala de aula acabam sofrendo modificações que perduram depois da volta para a escola, criando um "companheirismo oriundo da experiência comum e uma convivência muito agradável e produtiva".

Fernandes e Trivelato (2007) investigaram a construção de narrativas científicas em atividade de campo e identificaram que há um forte controle, por parte do professor ou monitor que conduz as atividades de campo, sobre o ato da observação do meio material realizado pelos alunos. Tal controle se dá tanto sobre a orientação espacial e temporal da observação como também sobre sua orientação temática. Os autores percebem nas aulas de campo algumas estratégias que podem estar relacionadas tanto com a experiência empírica, que ocorre ao se confrontar o aluno com elementos do meio material, como também com outros elementos de referência dos alunos, como saberes e vivências anteriores. No Quadro 2.3 estão registradas algumas interações verbais entre monitor e alunos, acompanhadas da descrição dos gestos.

Conforme análise dos autores, nessa série de interações, os alunos introduzem itens temáticos oriundos de três fontes. Na primeira interação, o item temático "há muita água nesse ambiente" é fruto da *observação do meio material*. Na segunda, a resposta tem origem em um *contexto referencial*: o monitor fornece uma analogia com uma situação que é familiar para alguns alunos, dentro do marco referencial social, e um aluno responde que a água iria para o fundo do hipotético balde de areia. Nas demais interações, os alunos elaboram *desdobramentos lógicos* sobre as considerações que o monitor faz: "solo arenoso permeá-

Quadro 2.3 Exemplo de interação entre alunos, monitor e ambiente em praia e duna

FALA	GESTOS
Monitor, (...) com relação à água: A gente discutiu aqui, aqui é um ambiente com muita ou pouca água?	
Alunos (vários): Muita.	M* Gesto "espere", com a mão aberta.
Monitor: Muita água. Acontece o seguinte, agora: Se eu pegar um balde cheio de areia e jogar água em cima, essa água se distribui homogeneamente, ou vai tudo para o fundo?	M* Com as mãos abertas, uma em cima e outra embaixo, palma de uma mão voltada para a outra, representam um recipiente. M* A mão de baixo permanece, e a outra faz mímica de verter água, como o movimento de servir café. M* Movimento circular das mãos abertas, uma de frente para a outra.
Aluno: Vai tudo pro fundo.	M* Movimento descendente das mãos abertas, palmas para baixo.
Monitor: O que eu tô perguntando é o seguinte: esse solo, composto basicamente de areia, ele é muito permeável ou pouco permeável?	M* Repete representação de "recipiente" (balde).
Aluno: Muito permeável	M* Exibe número "1" com dedo.
Aluno: Um pouco.	M* Exibe número "2" com dedos.
Monitor: Pouco ou muito?	
Aluno: Muito, muito	
Aluno: Muito.	
Monitor: Muito permeável, né? Toda a água que eu jogar aqui, a tendência da água é ficar aqui na superfície ou ir lá para o fundo?	M* Exibe número "1" com dedo. M* Repete representação de "verter". M* Repete movimento descendente das mãos abertas.

(continua)

(continuação)

FALA	GESTOS
Alunos (vários): Ir lá para o fundo.	
Monitor: Ir lá para o fundo	
Aluno: Absorve	
Monitor: Então vejam, esse solo arenoso, ele retém muito ou retém pouco a água?	M* Gesto fechando os dedos da mão, como se apertasse algo.

* M = Monitor.
Fonte: Fernandes e Trivelato, 2007.

vel" implica "água desloca-se para o fundo", que implica "solo retém pouca água". A partir da análise desse e de muitos outros exemplos obtidos nos dados da pesquisa, os autores destacam que a construção de significados em uma atividade de campo se dá por meio do uso dos modos da fala e do gestual, que regulam as ações de observação e a negociação dos significados.

b) O Estudo do Meio

O Estudo do Meio amplia o escopo de uma atividade de campo, uma vez que envolve necessariamente a interdisciplinaridade, tanto na observação como na coleta de dados. Objetiva articular a escola com aspectos físicos, culturais, biológicos, geográficos, históricos, entre outros. De acordo com Pontuschka (2004) "um Estudo do Meio é um método, um caminho, uma construção em educação formadora, que se distancia da chamada racionalidade técnica, do mecânico e da alienação e que tem a possibilidade de caminhar em direção ao interdisciplinar".

O trabalho com essa proposta é constituído de várias etapas. Embora não seja possível dar uma "receita" de como fazer um Estudo do Meio, apresentamos a seguir, de forma resumida, algumas das etapas para a sua construção na escola:

CAPÍTULO 2   A questão ambiental e sua abordagem no Ensino Fundamental

- Mobilização na escola – quando o grupo de professores decide que fará o Estudo do Meio. Nesse momento, torna-se necessária a formação do coletivo na escola, envolvendo professores e alunos desde as ações de planejamento. Será definido o local e cada professor deverá apresentar as contribuições da sua área para o estudo interdisciplinar, sem abrir mão dos conhecimentos da sua disciplina.
- Visita prévia – os professores deverão buscar informações sobre o local em que será realizado o Estudo do Meio e fazer uma visita prévia, tentando identificar as opções de trabalho, de acordo com o currículo escolar.
- Planejamento – para o planejamento do Estudo do Meio são necessários: a consolidação do método de ensino interdisciplinar, sem abrir mão das contribuições de cada disciplina; definição dos grupos de trabalho e dos papéis que serão desempenhados (quem vai entrevistar, registrar, fotografar, anotar etc.); preparação dos roteiros de estudo e entrevista; providência dos recursos necessários (por exemplo, transporte, alimentação etc.) e outros preparativos de que o grupo sentir necessidade.
- Pesquisa de campo – durante essa fase do trabalho, apesar do planejamento, podem surgir imprevistos que não devem desmotivar o grupo. Nesse momento, alunos e professores estão buscando novos diálogos com a realidade. É necessário sair a campo sem preconceitos, liberando os diversos sentidos. Devem ser utilizadas todas as formas possíveis de registro: fotografias, desenhos, croquis, escrita etc. Os momentos de entrevista também são o ponto alto do Estudo do Meio e, com permissão do entrevistado, devem ser registrados com a maior fidelidade possível.
- Retorno à escola – é o processo de sistematização de todo o trabalho de campo. É necessária a análise criteriosa de todo o material coletado (fotografias, desenhos, entrevistas etc.), para a qual cada disciplina oferece suas contribuições e define os conteúdos que serão trabalhados coletivamente.

- Momento de criação coletiva – será decidido qual será o produto do trabalho, que pode ser um jornal, uma exposição, um *site*, um painel, um vídeo, uma peça de teatro para a comunidade, entre outros. As diversas formas de expressão artística (desenho, música, teatro etc.), bem como as atividades lúdicas, também devem ser exploradas, proporcionando um exercício de percepção e sensibilidade, elementos de grande valor tanto para a pesquisa científica como para o processo de ensino-aprendizagem.

No Estudo do Meio, os estudantes e professores têm a oportunidade de experimentar um saber com sentido.

Atividades

1. Análise de um conflito socioambiental em um texto de mídia

OBJETIVOS:

- Identificar o mundo natural como fonte de conflitos.
- Identificar os principais componentes de um conflito socioambiental divulgado na imprensa.
- Identificar atores sociais que participam das decisões sobre o meio ambiente.

O motivo central de todo conflito ambiental é a tensão entre o caráter público dos bens ambientais e sua disputa por interesses privados. Um dos objetivos da Educação Ambiental é identificar, problematizar e ser capaz de se posicionar diante dos conflitos inerentes à questão ambiental. Manzochi (2009) apresenta uma proposta pedagógica baseada na análise de conflitos ambientais reais. A autora apresenta o seguinte esquema de um conflito socioambiental.

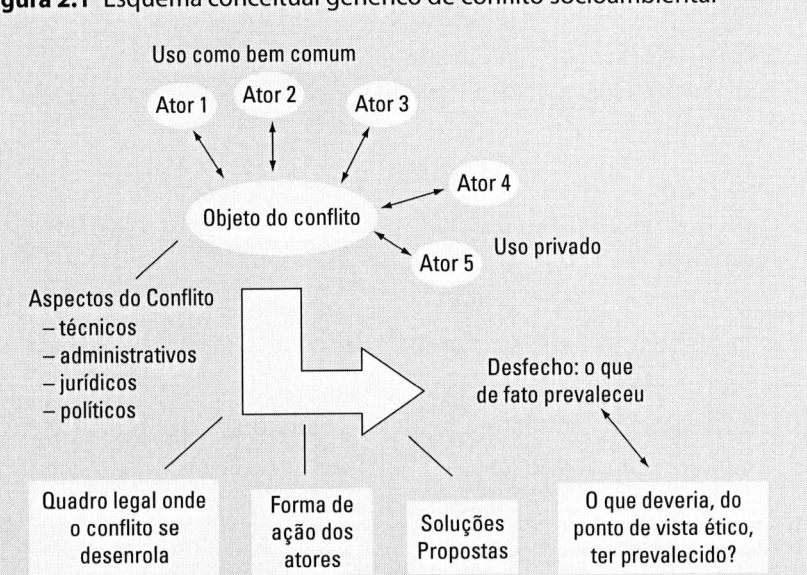

Figura 2.1 Esquema conceitual genérico de conflito socioambiental

Uso como bem comum
- Ator 1
- Ator 2
- Ator 3
- Ator 4
- Ator 5 — Uso privado

Objeto do conflito

Aspectos do Conflito
- técnicos
- administrativos
- jurídicos
- políticos

Desfecho: o que de fato prevaleceu

- Quadro legal onde o conflito se desenrola
- Forma de ação dos atores
- Soluções Propostas
- O que deveria, do ponto de vista ético, ter prevalecido?

Fonte: Manzochi, 2009.

Propomos a utilização de uma notícia de um conflito que ganhou destaque na mídia. Pode ser sobre a usina de Belo Monte, sobre a transposição do rio São Francisco ou sobre algum tema local, noticiado em jornal de bairro. Um conflito é identificado quando se apresenta uma situação para a qual não há um consenso e há discussão de vários atores sociais, cada qual com seus argumentos.

Uma sugestão de uma notícia desse tipo é "Para especialistas, Belo Monte vai prejudicar rio Xingu; governo nega", disponível em: http://g1.globo.com/Noticias/Economia_Negocios/0,,MUL1546802-9356,00-PARA+ESPECIALISTAS+BELO+MONTE+VAI+PREJUDICAR+RIO+XINGU+GOVERNO+NEGA.html (acesso em 25/2/2011).

Cada grupo de alunos trará uma notícia e seguirá o seguinte roteiro[5]:

a) Título do artigo, fonte e data.

---
[5] Adaptado de Carvalho e Scotto, 1995.

b) Período de ocorrência do conflito.
c) Localização (cidade, bairro, Unidade de Conservação).
d) Abrangência do impacto do conflito (local, regional, nacional, global).
e) Breve descrição do conflito.
f) Atores envolvidos.
g) Condições ambientais que estão na base do conflito (terras, recursos hídricos, resíduos sólidos etc.).
h) Identificar os diferentes modos de apropriação dos elementos da natureza e finalidades (por exemplo: uso da água para produção de energia hidroelétrica).
i) Caracterizar os diferentes discursos e interesses do conflito (por exemplo: os índios acham que envolverá suas terras; o Ibama argumenta que...).
j) Quadro legal sobre o conflito (quando for possível identificar).
k) Que soluções e/ou encaminhamentos estão sendo propostos? Quais seriam os mais adequados na opinião do grupo?

Os grupos devem discutir e registrar suas respostas, e o professor deve prover um momento de socialização dos trabalhos de cada grupo para toda a turma.

2. Elaboração de um projeto de Educação Ambiental

OBJETIVOS:

- Orientar a construção de um projeto interdisciplinar de Educação Ambiental a partir de um diagnóstico proposto.
- Subsidiar a construção de projetos interdisciplinares por grupos de professores de Ensino Fundamental, a partir da realidade do bairro onde se situa a escola.

CAPÍTULO 2   A questão ambiental e sua abordagem no Ensino Fundamental

Apresentamos o seguinte diagnóstico:

> Através de entrevista realizada diretamente com as crianças, diagnosticamos que elas convivem com o lixo que as cerca como se fosse algo comum, que faz parte de suas vidas. É como se o córrego a céu aberto que existe em frente à escola fosse sujo porque sempre foi sujo, e o odor que dele exala não os incomoda porque já estão acostumados a ele...
>
> O fato de morarem sempre no mesmo lugar, um lugar com muito lixo e muita pobreza e falta de informação, faz com que essas crianças imaginem que o local sempre foi e sempre será assim, e que crianças pobres como elas sempre moram e sempre moraram em lugares assim...
>
> Diagnóstico elaborado por alunas de um curso de Pedagogia da Grande São Paulo.

A partir desse diagnóstico, um grupo de professores de diferentes disciplinas deve se reunir e propor um projeto para essa escola. Segue uma orientação possível para a organização:

- Tema (adequado ao diagnóstico).
- Atores sociais envolvidos e forma de participação.
- Definição do(s) problema(s) que o projeto pretende minimizar, partindo do diagnóstico da realidade.
- Objetivos.
- Planejamento: cronograma de ação, conteúdos a ser trabalhados, estratégias a ser usadas (como) e condições de permanência do projeto.
- Como se pretende fazer a avaliação da trajetória percorrida.
- Que referenciais teóricos darão suporte ao projeto.

O grupo não deve se esquecer de alguns aspectos na construção do seu planejamento:

- Adequação à realidade para a qual está sendo proposto.
- Grau de interdisciplinaridade (como agrega diferentes áreas).
- Envolvimento de diferentes atores sociais no projeto e interatividade entre as partes.

> - Objetivos da Educação Ambiental: conscientização, conhecimento, competência, capacidade de avaliação, participação, mudança de atitude (valores).
> - Criatividade.
> - Aplicabilidade, exequibilidade e possibilidade de permanência como prática duradoura e não pontual.

Agora é com vocês

Com base nos subsídios deste capítulo e de sua experiência docente, vocês devem realizar um diagnóstico dos principais problemas socioambientais da escola e do seu entorno. Isso pode ser feito mediante entrevistas, saídas ao entorno, consulta a registros da história do bairro, entre outros. A partir dos dados levantados, construam coletivamente um projeto de Educação Ambiental para sua escola. Não se esqueçam de que existem várias concepções de Educação Ambiental, sendo que a concepção crítica tem sido considerada mais pertinente para o trabalho com o público escolar. Consultem o Quadro 2.2 apresentado na página 19 e busquem integrar o projeto com a realidade escolar.

Referências bibliográficas

ALBA, A. de; GAUDIANO, É. G. *Evaluación de programas de educacíon ambiental:* experiencias en América Latina y el Caribe. México: Universidad Nacional Autónoma de Mexico, 1997.

BRASIL. Lei n. 9.795, de 27 de abril de 1999. Dispõe sobre a Educação Ambiental, institui a Política Nacional de Educação Ambiental e dá outras providências. *Diário Oficial da União,* 28 abr. 1999.

BRASIL/MEC/Secretaria de Educação Fundamental. *Parâmetros Curriculares Nacionais:* terceiro e quarto ciclos: apresentação dos temas transversais. Brasília: MEC/SEF, 1998.

CARVALHO, I. C. de M. Em direção ao mundo da vida: interdisciplinaridade e educação ambiental. *Cadernos de Educação Ambiental 2.* Brasília: IPÊ – Instituto de Pesquisas Ecológicas, 1998.

CAPÍTULO 2   A questão ambiental e sua abordagem no Ensino Fundamental

_____. *Educação Ambiental:* a formação do sujeito ecológico. São Paulo: Cortez, 2004.

_____; SCOTTO, G. *Conflitos socioambientais no Brasil.* Rio de Janeiro: Ibase, 1995. v. 1.

CARVALHO, L. M. A educação ambiental e a formação de educadores. In: MEC/SEF, *Panorama da Educação Ambiental no Ensino Fundamental.* Brasília: 2001. p. 55-63.

CASCINO, F. *Educação Ambiental:* princípios, história, formação de professores. São Paulo: Editora Senac, 1999.

FAZENDA, I. *Práticas interdisciplinares na escola.* 2. ed. São Paulo: Cortez, 1993.

_____. *Interdisciplinaridade:* história, teoria e pesquisa. Campinas: Papirus, 1995.

FERNANDES, J. A. B.; TRIVELATO, S. L. F. A gestão da observação em aulas de campo expositivas: marcos referenciais e negociação de significados. *Anais do VII Encontro de Pesquisa em Ensino de Ciências – Enpec,* Florianópolis, 2007.

FRIGOTTO, G. Interdisciplinaridade como necessidade e como problema nas ciências sociais. In: JANTSCH, A. P.; BIANCHETTI, L. *Interdisciplinaridade:* para além da filosofia do sujeito. Petrópolis: Vozes, 1995.

KRASILCHIK, M. Educação ambiental. *Ciência & Ambiente.* São Paulo, n. 8, jan./jun. 1994.

_____. *Prática de ensino de Biologia.* São Paulo: Edusp, 2004.

LAYRARGUES, P. P. A resolução de problemas ambientais locais deve ser um tema gerador ou a atividade-fim da educação ambiental. In: REIGOTA, M. (org.). *Verde cotidiano:* o meio ambiente em discussão. Rio de Janeiro: DP&A, 1999. p. 131-148.

LOUREIRO, C. F. B. Educação ambiental e "teorias críticas". In: GUIMARÃES, M. (org.) *Caminhos da educação ambiental:* da forma à ação. Campinas: Papirus, 2006. p. 51-86.

MANZOCHI, L. H. Reflexão sobre o potencial educativo de alguns recursos didáticos do campo teórico-metodológico de "conflito socioambiental" para a formação continuada de professores em educação ambiental. *Revista de Estudos Universitários.* Sorocaba, v. 35, n. 2, p. 185-208, dez. 2009.

PONTUSCHKA, N. N. (org.) *Um projeto. Tantas visões:* Educação Ambiental na escola pública. São Paulo: Faculdade de Educação/USP, 1996.

_____. Estudos de meio: práxis interdisciplinar. *Formação continuada de professores:* um histórico da atuação da Fafe entre 1999 e 2003. São Paulo: Fafe, 2004.

REIGOTA, M. *O que é Educação Ambiental.* São Paulo: Brasiliense, 1994. (Coleção Primeiros Passos, n. 292)

_____. *Meio ambiente e representação social.* São Paulo: Cortez, 1995. (Coleção Questões de Nossa Época n. 41)

RODRIGUES, V. R. (coord.) *Muda o mundo, Raimundo!:* educação ambiental no ensino básico do Brasil. Brasília: WWF, 1997.

SILVA, R. L. F. *O meio ambiente por trás da tela*: estudo das concepções de educação ambiental dos filmes da TV Escola. São Paulo, 2007. Tese de Doutorado da Faculdade de Educação da Universidade de São Paulo.

Sugestões de *sites*

- Ministério da Educação: http://www.mec.gov.br
- Ministério do Meio Ambiente: http://www.mma.gov.br
- Instituto Brasileiro de Meio Ambiente e Recursos Naturais Renováveis: http://www.ibama.gov.br
- Secretaria de Estado do Meio Ambiente: http://www.ambiente.sp.gov.br
- Grupo de Educação Ambiental da Faculdade de Educação da USP: http://www.teia.fe.usp.br
- Grupo de trabalho de Educação Ambiental da Anped: http://www.univali.br/gt22
- Grupo pesquisador em Educação Ambiental da UFMT: http://www.ufmt.br/gpea
- Fundo Mundial para a Natureza (WWF): http://www.wwf.org.br
- Instituto Ecoar para a Cidadania: http://www.ecoar.org.br
- Rede Brasileira de Educação Ambiental (Rebea): www.rebea.org.br
- Rede Paulista de Educação Ambiental: www.repea.org.br
- Instituto Socioambiental: http://www.socioambiental.org
- ONG 5 elementos: http://www.5elementos.org.br

CAPÍTULO 3
Quando a ciência é notícia: televisão, cinema e mídia impressa no ensino de Ciências

Os programas de televisão ajudam ou prejudicam o ensino de Ciências? Que elementos da cultura científica são incorporados pelos filmes comerciais? Devo usar filmes como material didático na educação científica de meus alunos? De que forma? Que veículos da mídia são formadores do imaginário social acerca da Ciência?

Essas e outras questões problematizadoras irão permear nossa discussão e apresentação de propostas neste capítulo.

Ciência na mídia e ciência na escola: aproximações

Embora cresçam a cada dia a necessidade e o interesse dos meios de comunicação de massa em apresentar programas destinados à divulgação científica, a quantidade de pesquisas nessa área ainda é muito pequena. No que se refere à televisão e ao cinema, por exemplo, além de espaços específicos, como documentários e programas educativos, temas ligados à Ciência têm permeado filmes, novelas, seriados, programas jornalísticos, entre outros.

Nos meios de comunicação, assim como em outros espaços não formais de educação científica, os saberes científicos são selecionados e passam por processos de reorganização, para que possam ter sentido a um grande número de pessoas de diferentes perfis que assistem aos programas televisivos, ouvem reportagens de rádio e leem jornais e revistas.

Nesse sentido, entendemos que uma das tarefas de um ensino de Ciências voltado à construção da cidadania é a mediação entre educação, cultura científica e indústria cultural, conforme expresso na Figura 3.1. Essa mediação envolve a percepção e discussão crítica dos aspectos da cultura científica apresentada na mídia, bem como a atribuição de significados e a análise do conteúdo dessas diferentes linguagens. Entendendo a Ciência como uma produção cultural e partindo da concepção de que a aprendizagem de seus conteúdos em sala de aula é reelaborada individualmente, como uma síntese pessoal que engloba a vivência de cada aluno, é importante que não se desconsidere a interferência da mídia nesse processo.

Figura 3.1 Interações entre educação, ciência e indústria cultural

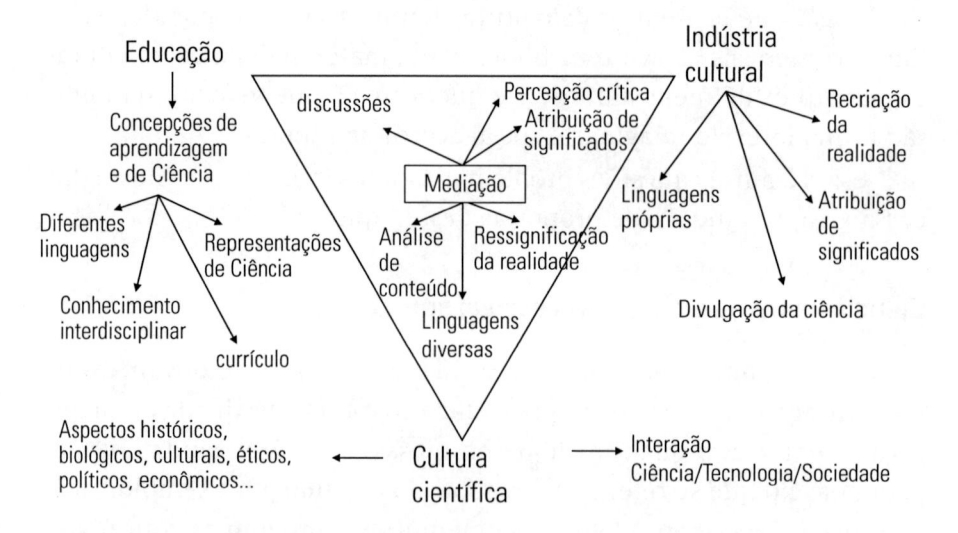

Os alunos devem ter na escola espaço para falar e escrever sobre o que estão vendo na TV e no cinema e ser incentivados a buscar outras fontes de informação sobre aquele assunto. Especificamente sobre a televisão, "pela linguagem da TV, exploram-se, na escola, as outras

múltiplas linguagens que constituem o homem hoje no seu grupo social e no seu cotidiano" (Rocco, 1999). Torna-se importante que o professor aprenda a trabalhar os aspectos positivos da TV e do cinema sobre os negativos, aproveitando esse recurso didático para tornar a aprendizagem cada vez mais significativa.

Segundo Araújo e Aquino (2001), pesquisadores que trabalham com a questão dos direitos humanos em sala de aula entendem que a linguagem do vídeo, do cinema e da televisão pode fornecer materiais que permitem o estudo crítico da realidade, bem como o exercício do raciocínio simbólico e artístico.

Do ponto de vista de formação de professores, deve-se destacar a nossa responsabilidade como educadores e também como espectadores. Pensar sobre as seguintes indagações pode nos ajudar a refletir nesse sentido: você se considera naturalmente alfabetizado em matéria de linguagem audiovisual porque assiste à TV desde criança? É capaz de ler e compreender plenamente essa linguagem, identificando também como ela é escrita? Sabe apontar as diferenças entre ela e a linguagem verbal que você usa o tempo todo em sala de aula? Ainda vê o televisor e o vídeo apenas como apoios na transmissão de conteúdos curriculares? (Magaldi, 1996)

Para pensar sobre as indagações propostas, principalmente no que se refere à linguagem televisiva e à utilização desse recurso em sala de aula, é importante que esses aspectos sejam trabalhados nos processos de formação de professores. A linguagem audiovisual não é universal nem imediatamente compreensível, como se acreditava antigamente. Para integrá-la ao processo educativo é necessária uma formação nos níveis tecnológicos, expressivos e didáticos (Ferrés, 1996b).

Além da apropriação de novas tecnologias, é necessária a compreensão da linguagem midiática, que é muito diferente da linguagem da escola. Entendemos que tanto os programas de televisão comercial como educativa, vídeos didáticos ou comerciais, bem como o cinema, podem ser utilizados em sala de aula, com a adequada mediação do professor, para a melhoria do processo de ensino e aprendizagem,

> ## História da televisão educativa
>
> A televisão foi criada com objetivo de entretenimento e não se sabe com certeza quando foi percebido que ela poderia contribuir também para o processo educativo.
>
> O primeiro registro da utilização da televisão para fins distintos de mero divertimento foi em 1937, quando foi usada para a transmissão de cirurgias e ensino de técnicas médicas por meio de circuitos fechados em várias universidades americanas (Pfromm Neto, 2001).
>
> No país, a televisão aberta se iniciou em 1950. Já os canais de televisão educativa começaram a surgir na década de 1960. Em São Paulo, a Fundação Padre Anchieta, mantenedora da TV Cultura, foi criada por uma lei do governo do estado de São Paulo e inaugurou suas transmissões em 1967. No mesmo ano, foi criada a Fundação Roquette Pinto, no Rio de Janeiro, mantida pelo governo federal e gerenciada pelo Ministério da Educação.
>
> Em 1996, entra no ar o canal do MEC chamado TV Escola, especificamente voltado à melhoria da formação do professor e do processo de ensino e aprendizagem. Nos dias atuais, principalmente as redes de TV a cabo e digitais transmitem vários canais que têm como eixo central a transmissão de programas que podem contribuir com as temáticas escolares.

cabendo a ele a recepção e utilização adequada do material em uma perspectiva crítica e dialógica.

É importante ressaltar que os espaços educacionais têm uma organização própria, a cultura escolar, que recebe aportes da cultura científica, das culturas dos sujeitos envolvidos (professores, pais, alunos...) e da cultura da mídia e das novas tecnologias (Marandino Selles e Ferreira, 2009). A escola e os educadores são sujeitos no processo de articulação dos conteúdos da mídia com as culturas escolares, sempre com objetivos de fomentar a aprendizagem científica, atribuindo-lhe novos sentidos e motivações.

Entre os recursos audiovisuais, o vídeo tem sido bastante utilizado nas disciplinas da área de Ciências. Krasilchik (2004) destaca que, no ensino de Biologia, os filmes são insubstituíveis em determinadas situações de aprendizagem, como, por exemplo, experimentos que exigem equipamentos muito sofisticados, processos muito lentos ou rápidos demais, paisagens exóticas e comportamentos de animais e plantas. Outros aspectos em que o audiovisual torna-se essencial são: a possibilidade de ver desde o infinitamente pequeno até o imensamente grande; multiplicar pontos de vista sobre a mesma realidade e realizar uma aproximação dirigida, conhecer outras culturas e realidades, entre outros.

Muitas vezes a utilização dos recursos audiovisuais não se apresenta de forma articulada com o plano de curso, mas sim como um "complemento ou entretenimento utilizado esporadicamente".

O emprego de qualquer recurso didático no ensino de Ciências depende de uma análise competente do material disponível, que atenda aos objetivos do planejamento educacional. A utilização das mídias audiovisuais deve sempre estar articulada com o plano de curso, não sendo encarada apenas como um complemento ou entretenimento esporádico.

O professor deve buscar ferramentas para ampliar seu repertório sobre cinema, DVDs, televisão, usando até mesmo ferramentas da Internet (veja sugestões no final deste capítulo), para propor atividades diferenciadas, mas com foco no conhecimento científico a ser abordado ou que possa ser explorado criticamente pela recepção do programa.

Podem ser usados para apresentar conceitos novos ou já estudados no sentido de motivar o aluno, despertar o interesse e a curiosidade e apresentar conceitos e imagens que dificilmente poderiam ser visualizadas de outra forma. Para tanto, a televisão, o cinema e o vídeo precisam ser encarados não apenas como complemento ou entretenimento, mas como parte de um processo educativo de mediação entre o conteúdo científico e as diferentes formas em que ele é representado socialmente.

A ciência e o cientista na televisão

Em relação à Ciência veiculada na televisão, pesquisas têm indicado que as emissoras de TV recorrem a diferentes recursos para tornar as informações interessantes, porém algumas vezes "deturpam as informações científicas e tecnológicas com o intuito de torná-las mais atraentes para o público espectador" (Siqueira, 1999). A partir da análise de reportagens de Ciência veiculadas em programa semanal de variedades, transmitido em emissora de TV aberta de grande audiência, algumas considerações foram apresentadas:

- A veiculação da Ciência na TV recorre a mitos e ritos que são da ordem do fantasioso, do metafórico, do ilógico.
- Aparece o mito de encantamento do mundo, no qual a Ciência apresenta todas as soluções buscadas pelo homem, quase magicamente.
- Os cientistas e/ou especialistas costumam aparecer em locais representativos das suas funções como laboratórios e escritórios, com grande quantidade de livros e equipamentos.
- O repertório social do pesquisador não entra em pauta.
- A ênfase está nos resultados e não na trajetória percorrida.
- Os programas tentam estabelecer um "gancho" entre Ciência e cotidiano, buscando mostrar ao público que o que vai ser veiculado tem alguma relação com a sua vida.

A pesquisa destaca ainda que não aparecem referências aos processos de pesquisa, ao contexto, às posições políticas. Além disso, há também uma fuga do abstrato e conceitual, de forma a tornar "concreto", "visível" e "palpável" o que se quer explorar no programa, que geralmente é a aplicação do resultado (Siqueira, 1999).

Essas características não são encontradas apenas em programas brasileiros. Na análise de programas de Biologia da televisão educativa do México, Gálvez Díaz e Waldegg (2004) identificaram as seguintes representações: a Ciência descobre a realidade; a Ciência indaga as leis da natureza; a Ciência é cumulativa e linear; a observação é a base do conhecimento; o caráter indutivo do conhecimento científico; o caráter utilitário da Ciência; a contraposição entre o que é conhecimento científico e o que é não científico e o mito da cientificidade, ou seja, o conhecimento científico apresentado como uma forma superior perante os outros conhecimentos. Aspectos importantes da natureza da Ciência não são abordados como, por exemplo, que não há uma maneira única de fazer Ciência, que a Ciência é uma intenção de explicação dos fenômenos naturais, que pessoas de todas as culturas contribuem para a Ciência, que as ideias científicas são afetadas por fatores históricos e socioculturais e que a observação é guiada por uma teoria.

Caberá ao professor identificar essas carências e características e contribuir para uma interpretação crítica das visões de Ciência apresentadas na mídia televisiva e para uma utilização do recurso como uma possibilidade para o aprofundamento dessas discussões. Uma leitura menos crítica dos programas disponíveis pode reforçar concepções sobre a natureza do empreendimento científico muito diferentes das intenções do professor e afastadas do que hoje se discute nas esferas de produção acadêmica e reflexão profissional.

E o cinema? Também tem Ciência?

Tratando do tema sobre Ciência e imaginário científico, as experiências vivenciadas no cinema acabam compondo boa parte do referencial simbólico público sobre Ciência, muitas vezes maior do que as aprendizagens derivadas das práticas educativas formais. Oliveira (2006) argumenta que os filmes expressam o olhar de uma época ou de uma sociedade sobre temas que envolvem Ciência e imaginário científico. Para situar melhor o professor sobre os tipos de cinema "científico", elaboramos o Quadro 3.1.

Assim como na televisão, o cinema também traz imagens que "espetacularizam" a Ciência e o cientista. Segundo Oliveira (2006), no cinema o conhecimento científico é visto como algo apolítico, não dogmático, inteiramente fundamentado e comprovado, mas perigoso se for explorado por "pessoas egoístas e maldosas". Dessa forma, a concepção de como a Ciência funciona, se não é explorada na escola, passa a ser acreditada de forma muitas vezes surreal em filmes, que compõem visões de nossos alunos que precisam ser trazidas para as aulas de Ciência.

Quadro 3.1 Enfoque sobre Ciência em diferentes gêneros de filmes

GÊNERO	CIÊNCIA	EXEMPLOS
Documentário	A narrativa não envolve construção de personagens humanos. As características didáticas e conceituais prevalecem sobre os elementos narrativos.	*Uma verdade inconveniente* *A marcha dos pinguins*
Drama	Reconstrução de casos reais de descobertas e debates científicos.	*O óleo de Lorenzo* *Tempo de despertar*
Biografia	Narrativas sobre a vida de personagens célebres da história da Ciência.	*Giordano Bruno* *Freud, além da alma* *Uma mente brilhante*
Ensaio	Filmes cujos enredos ilustram teorias ou debates sobre os pressupostos da Ciência.	*Ponto de mutação* *Quem somos nós?*
Ficção científica	A Ciência e o imaginário científico são personagens centrais. São narrativas fantasiosas e/ou irreais nas atuais condições do conhecimento. Representam uma espécie de experimento mental sobre as implicações da Ciência e da tecnologia.	*De volta para o futuro* *Parque dos dinossauros* *A ilha* *Admirável mundo novo* *Gattaca*

Fonte: Adaptado do texto de Oliveira, 2006.

Propostas metodológicas para o trabalho pedagógico com filmes

Este tópico busca enriquecer o repertório de professores de todas as áreas a respeito do trabalho com televisão e vídeo no cotidiano escolar e não tem caráter prescritivo.

É importante ressaltar que mesmo um programa audiovisual com potencial crítico não é autossuficiente para motivar e induzir uma participação cidadã na problemática ambiental. Como qualquer recurso didático, um filme não tem um fim em si mesmo em termos de potencial transformador, sendo fundamental a mediação do professor.

No entanto, um professor preparado para trabalhar com a recepção crítica de recursos audiovisuais pode transformar até materiais que apresentem a realidade científica e socioambiental de forma conservadora em uma aprendizagem significativa, apropriando-se do sentido amplo da temática e mobilizando os educandos para a crítica e ação comprometidas com a transformação da realidade que se apresenta.

A utilização de um programa de vídeo para apresentar ou complementar um conteúdo não dispensa um planejamento detalhado. É necessário que seja pensado o que será trabalhado antes, durante e depois da apresentação. Essas etapas devem ser construídas durante o planejamento, para o qual apresentamos como sugestão o Quadro 3.2.

Uma proposta bastante significativa para o trabalho com televisão, cinema e vídeo é o *método compreensivo*[1]. Esse método propõe que o professor parta da sensibilização gerada pelo veículo para depois chegar ao racional, pois o que geralmente ocorre é que a emoção é desconsiderada na escola. Para o autor, numa utilização adequada do audiovisual, o racional e o reflexivo deveriam ser os pontos de chegada, não de partida, destacando que "se a experiência da televisão é, frequentemente, negativa porque deixa a reflexão de lado, a sua integração à escola costuma sê-lo porque deixa a emoção de lado" (Ferrés, 1996a, p. 99). Nesse sentido, é sempre importante tentar discutir com os alunos também sobre os sentimentos e emoções gerados pelo filme

---

[1] Proposto por Forrés, 1996a.

Quadro 3.2 Planilha para o trabalho pedagógico com filmes

Programa	
Público-alvo	
Objetivos do trabalho com o vídeo	
Conteúdos que o vídeo aborda	
Encaminhamento com os alunos	Antes de exibir o vídeo	
	Durante a exibição	
	Após a exibição	
Trechos que destacaria com os alunos	
Atividades desencadeadas pelo vídeo	

Fonte: adaptado de Brasil, 2001.

ou programa audiovisual, para depois, e partindo da discussão, abordar as questões mais racionais.

A seguir, apresentamos uma série de sugestões práticas para o trabalho com vídeos, selecionadas a partir dos trabalhos de Ferrés (1996b) e Silva (2007).

- *Chuva de palavras* – O professor pronuncia uma palavra-chave relacionada ao tema que será apresentado no vídeo. Os alunos vão falando palavras que entendem estar associadas àquele tema. Não deve haver correções do professor nesse momento. Todas as palavras devem ser colocadas no quadro. Após a apresentação do vídeo, o exercício é feito novamente e as palavras são comparadas com as da primeira etapa. Essa atividade permite ao professor o conhecimento das representações dos alunos referentes àquela temática e se houve transformação após assistirem ao programa.

- *Escrever uma carta* – Os alunos devem escrever uma carta para um colega contando o que aprenderam no filme e como os aspectos apresentados interferem em seu dia a dia. Dependendo do filme, pode haver uma adaptação em que os alunos mandem uma carta para um dos personagens.
- *Comparação com meios de comunicação de massa* – Antes de visualizar um vídeo, os alunos devem procurar nos veículos jornalísticos do dia ou da semana notícias que sirvam de complemento para as informações do programa. Devem ser selecionados artigos de jornais ou revistas, trechos de programas de televisão (caso haja possibilidade de gravá-los), entre outros. Após assistirem ao vídeo e trabalharem sobre ele, os alunos farão uma comparação do seu conteúdo em relação à pesquisa que foi realizada.
- *Primeira exibição muda* – Na primeira exibição do programa, suprime-se o som. Em seguida, os alunos devem elaborar um texto em grupos do que compreenderam, estimulando a participação ativa do aluno, sua intuição e criatividade.
- *Interrupção da exibição* – Exibe-se um programa, interrompendo-o antes que sejam dadas as soluções. Pede-se aos alunos que formulem suas próprias conclusões, que posteriormente são confrontadas com as que o programa oferece.
- *Tribunal e julgamento* – Quando se tratar de um tema polêmico, o professor pode distribuir "papéis", para os quais cada grupo de alunos irá apresentar argumentos, de acordo com a opinião que está assumindo. O professor deve observar o envolvimento de cada grupo e, posteriormente, abrir a discussão.
- *Roteiro orientador* – Este recurso é importante principalmente para filmes grandes, que apresentem muitas informações. O professor faz previamente um roteiro de perguntas ou indicações do que deseja que os alunos prestem maior atenção e depois discute os aspectos levantados com a classe.

- *Justaposição de cenas* – O professor deverá preparar previamente a gravação de diversas cenas de televisão (novela, noticiário, desenho animado), filmes comerciais e didáticos que tratem de uma mesma questão. Em sala de aula, as cenas devem ser apresentadas aos alunos que, individualmente ou em grupo, trabalharão uma reflexão crítica sobre o assunto.

- *Desenho individual ou em grupo* – O desenho, bem como outras expressões artísticas, é um excelente instrumento para demonstrar emoções. Antes do programa de vídeo, os alunos podem desenhar o que imaginam que será apresentado, a partir do tema central. Os desenhos são recolhidos, e após o programa solicita-se aos alunos que desenhem o que ficou de mais significativo. Os próprios alunos, juntamente com o professor, discutem a transição dos desenhos.

- *Mímica* – Em um primeiro momento, os alunos se dividem em grupo, fazem um levantamento das sensações que foram propiciadas pelo vídeo e devem fazer mímicas representando a parte do filme de que mais gostaram. A partir daí, o professor dirige as discussões para trabalhar a mensagem transmitida pelo vídeo.

- *Poesia* – Após a exibição do vídeo, os alunos são convidados a fazer um poema sobre o que acharam mais significativo. Os poemas devem ser lidos e, posteriormente, ser reunidos em uma coleção a ser distribuída para cada aluno ou grupo, a fim de trabalhar os principais argumentos do filme.

Em síntese, é importante ressaltar que qualquer recurso audiovisual deve ser explorado em todas as dimensões. Inicialmente, o professor precisa gerar o interesse e a vontade de assistir ao programa. Se nossos educandos estão tão familiarizados com a linguagem audiovisual, a escola precisa aproveitar esse aspecto de forma mais significativa possível, potencializando o processo de ensino-aprendizagem.

Enfoque conceitual: mudanças climáticas globais

Recentemente, a mídia de uma forma geral tem dado destaque à questão ambiental, principalmente no que se refere aos efeitos do aquecimento global. Para a questão ambiental, essa sensibilização que o audiovisual proporciona é bastante importante. No entanto, essa sensibilização deve também permitir uma reflexão crítica sobre o assunto, que deve ser feita inicialmente pelo professor com seus pares ou individualmente, para depois poder direcionar o trabalho com os alunos. Dessa forma, o vídeo e a TV são usados não como um fim em si mesmo, mas como um dos meios de possibilitar a construção do conhecimento.

A partir de fevereiro de 2007, após a publicação do relatório do Painel Intergovernamental de Mudanças Climáticas (IPCC), que contém dados e previsões a respeito do problema do aquecimento global, a questão ambiental ganha um destaque poucas vezes visto nos meios de comunicação (Andi, 2008).

O termo *mudança climática global* é usado, de forma genérica, para designar vários aspectos do efeito estufa ou aquecimento global e vem se tornando uma área de conhecimento por natureza trans e interdisciplinar.

O efeito estufa é um fenômeno natural no qual parte da energia solar que atinge o planeta é retida na Terra por gases que se acumulam na atmosfera e parte dessa energia é liberada para o espaço. Ao atingir a superfície terrestre, a radiação solar se transforma em calor na forma de radiação infravermelha, que é devolvida para o espaço. No entanto, parte dessa radiação é absorvida por gases como o dióxido de carbono (CO_2) e o vapor-d'água, além de outros gases, como o metano (CH_4) e os óxidos de nitrogênio (NO). Cabe lembrar que o efeito estufa existe na Terra independentemente da ação do homem. Segundo Sampaio, Marengo e Nobre (2008), sem a existência desse fenômeno, as temperaturas médias do planeta seriam em torno de 18 °C negativos, o que impediria a vida como a conhecemos.

Embora seja um processo natural, a concentração na atmosfera de alguns desses gases, especialmente gás carbônico, aumentou muito no século XX, em virtude das queimadas e do aumento da liberação de gases em processos industriais, além do intenso e crescente uso de combustíveis derivados do petróleo, gás e carvão.

Para estudar e tomar decisões sobre o fenômeno das mudanças climáticas globais, criou-se o Painel Intergovernamental sobre Mudanças Climáticas (IPCC), que reúne cientistas do mundo inteiro e de várias áreas do conhecimento. Segundo o quarto relatório do IPCC, se a humanidade deseja recuperar o planeta, mantendo as condições em que a civilização se desenvolva e às quais a vida está adaptada, o CO_2 precisa ser reduzido das atuais 385 ppm (partes por milhão) para no máximo 350 ppm, uma vez que o aumento da temperatura em 3 °C previsto pelo IPCC é suficiente para provocar elevação do nível dos oceanos, secas generalizadas e mudanças nos padrões climáticos. O impacto total do aquecimento global só será sentido no final deste século, porém autores argumentam que já atingimos o ponto em que a ruptura da estabilidade climática é inevitável (Buckeridge, 2008 e Lemonick, 2009).

Entre outros problemas, devido a um maior aquecimento, pode-se prever a elevação do nível dos mares (que já tem sido registrada) como consequência dos níveis de derretimento das calotas polares. Além de provocar eventos climáticos intensos, esses fenômenos provocarão impactos socioeconômicos (agricultura, pesca etc.), alterarão a vida de populações costeiras, bem como a biodiversidade. Nesses aspectos, os relatórios do IPCC indicam que os países em desenvolvimento serão os mais vulneráveis. Segundo os especialistas, muitos dos impactos podem ser reduzidos com alterações no atual modo de vida das populações humanas. Além disso, destacam a necessidade de criar mecanismos de adaptação às mudanças que já estão acontecendo.

Apesar do aumento crescente da percepção científica de apontar as atividades antrópicas como causadoras das mudanças climáticas, não ficam completamente diluídas as incertezas e as negociações acerca desse fenômeno. Porém, segundo *o princípio de precaução*, que é um dos princípios da Convenção da ONU sobre Mudanças do Clima, o adiamento de respostas aos graves problemas ambientais despreza e intensifica o potencial de catástrofe proveniente da falta de ação, e nem a incerteza científica nem o otimismo tecnológico devem servir de desculpas para tal comportamento (Pereira e May, 2003).

O trabalho com esse tema no Ensino Fundamental II, além de ser muito atual, permite que sejam feitas relações entre os conhecimentos físicos, químicos, biológicos e geológicos.

A questão ambiental tem adentrado os diversos espaços de produção audiovisual (televisão aberta, propagandas, produções didáticas). No entanto, ainda ocorrem equívocos em sua apresentação, como privilegiar as questões naturalistas e técnicas em detrimento de aspectos sociais, éticos e políticos, e/ou apresentar apenas um determinado aspecto da problemática, dificultando a percepção integral do ambiente.

Em programas educativos de televisão relacionados à questão ambiental foram identificadas visões utilitaristas de Ciência e tecnologia, que propõem que suas produções podem resolver a problemática ambiental sem necessidade de mudanças nos padrões de consumo e nas relações entre sociedade e natureza, compartilhando com uma vertente pragmática da EA (Silva, 2007). Esse aspecto também foi encontrado em programas da TV aberta, nos quais a Ciência apresenta todas as soluções buscadas pelo homem quase magicamente.

Ressalta-se que a questão ambiental tem despertado grande interesse da população em geral. Pesquisa realizada sob responsabilidade do Ministério da Ciência e Tecnologia sobre Percepção Pública da Ciência (Brasil, 2007) revelou que o tema Meio Ambiente só não foi mais citado do que Medicina e Saúde, estando à frente na lista de interesse de assuntos como política, arte e cultura, ciência e tecnologia, religião, entre outros.

No sentido de trabalhar com problemas ambientais atuais considerando a vivência do aluno e acreditando na possibilidade de fazer inter-relações entre a escola e outros elementos da cultura e na capacidade do professor de direcionar reflexões críticas que possam se pautar em uma práxis transformadora, é que apresentamos as propostas de atividades a seguir.

Atividades

1. As mudanças climáticas globais em audiovisual

Parte 1 – Exercício de percepção de mensagens e apelos

OBJETIVO:

Comparar o discurso e os apelos utilizados por diferentes mídias audiovisuais (cinema, didático e jornalístico) sobre o mesmo tema, para adequá-los aos objetivos de ensino e aprendizagem sobre o tema das mudanças climáticas no Ensino Fundamental.

MATERIAL:

Filmes

1. *Mudanças de clima*, mudanças de vida, cujo *download* pode ser obtido gratuitamente no *site* www.greenpeace.org.br.
2. *Uma verdade inconveniente*, de Al Gore, que pode ser alugado em locadoras.
3. Reportagens e notícias ambientais da televisão aberta, cujo *download* pode ser obtido gratuitamente, por exemplo, no *site* http://video.globo.com, buscando o assunto Aquecimento Global ou mudanças climáticas. Selecione vídeos de reportagens de diversos programas televisivos.

DESENVOLVIMENTO:

Inicialmente, o grupo de participantes deve responder às seguintes perguntas:

a) O que já sabe sobre o assunto Mudanças climáticas?
b) O que não sabe e gostaria de saber sobre esse assunto?
c) Quais os principais interesses ou perguntas relacionadas ao assunto na faixa etária de seus alunos?

Após responder a essas questões, devem assistir aos filmes. A ordem pode ser decidida pelos participantes. Enquanto estiverem assistindo aos filmes, os participantes podem solicitar a interrupção da exibição com uma pausa na imagem.

Após a exibição dos filmes, devem ser discutidas as semelhanças e as diferenças entre eles, no que se refere aos conteúdos e apelos. Quanto ao principal apelo da mensagem, poderão ser classificados, segundo Ramos (2002) e Silva (2007), em:

- Catastrófico: procura gerar um impacto emocional negativo ou, mais frequentemente, medo, acerca das consequências do problema.
- Afetivo: procura gerar um impacto emocional no espectador, a partir de uma referência positiva de qualidade ambiental, no sentido de valorizar os recursos naturais e resgatar o sentimento de identificação do ser humano com a natureza.
- Contraposição entre o belo e o chocante: filmes que buscam inicialmente criar no espectador um apelo afetivo positivo, para depois apresentar os problemas partindo de um apelo catastrófico.
- Informativo: privilegia a quantidade de informações, números, estatísticas, depoimentos de especialistas, entre outros.
- Lúdico: aquele que busca passar a mensagem por meio de brincadeiras, humor, encenações.
- Propositivo: propõe formas de participação e exemplifica ações que já foram realizadas, de forma que o receptor pode também participar para minimizar determinado problema.

Parte 2 – Preparando o material para a aula no Ensino Fundamental

Ao buscar perceber o principal apelo dos programas, o professor pode escolher qual deles poderia ser mais apropriado, de acordo com seus objetivos educacionais, e que adaptações seriam necessárias para minimizar ou potencializar o apelo do filme. Por exemplo, o filme do Greenpeace apresenta informações e esquemas importantes sobre a questão das mudanças climáticas, além de finalizar com um enfoque propositivo. No entanto, também trata do assunto de forma catastrófica em vários momentos. Caberá ao professor separar trechos e imagens que podem ser usados de acordo com seus objetivos e pensando na construção do conhecimento científico sobre o tema abordado.

Como proposto na classificação anterior, é possível separar trechos dos filmes ou escolhê-los de acordo com o que se pretende trabalhar e adequá-los ao ano ou faixa etária.

Perceber os apelos das mensagens e os recursos empregados para enfatizá-los ajudará professores e alunos a ampliar sua capacidade de "ler" tais programas com maior crítica e autonomia. Embora seja um problema urgente, não são ações simplistas e individuais que irão resolvê-lo nem existem soluções a curto prazo. Dessa forma, o conceito de tempo em que ocorrem as mudanças climáticas, as possibilidades regionais e as ações coletivas deve ser bastante explorado.

Parte 3 – Na sala de aula

Antes de apresentar os filmes ou a montagem, o professor pode desenvolver o que chamamos de *Chuva de palavras*, ou seja, ele colocará o tema do vídeo na lousa e todos os alunos vão falando palavras que entendem estar associadas àquele tema. Não deve haver correções do professor nesse momento. Todas as palavras devem ser colocadas no *flip chart*, que deverá ser guardado.

Essa atividade introdutória pretende resgatar os conhecimentos prévios dos alunos e fazê-los tomar consciência de sua existência. Provavelmente aparecerão confusões relacionando mudanças climáticas com buraco na camada de ozônio, chuva ácida, entre outros.

Sugerimos que sejam apresentados primeiro os trechos das notícias e reportagens para depois usar os termos mais conceituais dos trechos dos filmes *Uma verdade inconveniente* e *Mudanças de clima, mudanças de vida*.

Após a apresentação de cada trecho dos vídeos, o exercício é feito novamente e as palavras são comparadas com as da primeira etapa. Essa atividade permite ao professor e aos alunos a construção coletiva do conhecimento sobre o assunto, bem como o rearranjo das concepções prévias com as novas informações trazidas pelo vídeo.

A próxima etapa será a comparação com meios de comunicação de massa. Os alunos deverão procurar em jornais e revistas as notícias sobre o tema. Também podem ser procurados outros trechos de programas de televisão ou até mesmo do *Youtube*, entre outros. Deverão ser feitos murais e discussões comparando com os conteúdos do vídeo, a partir de aspectos como linguagem, imagens, apelo, público a que se dirige e objetivos do autor.

Como trabalho de síntese, os alunos devem ser incentivados a escrever sobre o programa e as articulações realizadas. Outra dinâmica interessante é a realização de uma *Carta de intenções*. Após as atividades e discussões geradas pelo vídeo, os alunos escrevem uma carta sobre o que é possível fazer em termos individuais e coletivos.

Finalizando a atividade, os alunos podem ser convidados a escrever um roteiro de como fariam um programa televisivo sobre o tema, com base em aspectos que foram mais significativos para cada grupo.

2. Textos e discursos sobre as mudanças climáticas globais: o científico e o jornalístico

OBJETIVOS:

- Identificar as diferenças discursivas sobre o tema *mudanças climáticas globais* em diferentes tipos de texto.
- Reconhecer possibilidades de trabalho no Ensino Fundamental II a partir da associação de diferentes textos.
- Trabalhar a contextualização dos conteúdos escolares por meio de recursos e notícias da mídia aberta e de divulgação.

Parte 1 – Leituras e áudios

Em grupo, os professores farão a leitura dos textos a seguir, ouvirão um programa de rádio e assistirão a uma reportagem de televisão sobre o tema Mudanças climáticas globais:

Texto 1 – Resumo de um artigo científico

Revista Brasileira de Botânica. v. 33, n. 1, São Paulo, jan./mar. 2010.
Respostas fisiológicas de plantas amazônicas de regiões alagadas às mudanças climáticas globais; Physiological responses of Amazonian flooded plants to the global climate change.
Adriana Grandis; Simone Godoi; Marcos Silveira Buckeridge

Resumo

Conforme previsões do último relatório do IPCC (Intergovernmental Panel of Climatic Change), em 2007, até meados deste século haverá um aumento na concentração de CO_2 na atmosfera, podendo chegar a 720 µmol mol^{-1}. Consequentemente, haverá uma elevação da temperatura de até +3 °C, o que ocorrerá em conjunto com mudanças no padrão de precipitação. O mesmo relatório sugere que isso poderá acarretar uma substituição gradual da floresta tropical por vegetação similar a uma savana na parte oriental da Amazônia, porém nada é conclusivo. Diante dessas possibilidades, pergunta-se – Como as espécies de árvores que compõem as regiões de alagamento da Amazônia irão responder às alterações climáticas por vir? Apesar de essas previsões serem pessimistas, o alagamento ainda ocorrerá por vários anos na Amazônia e é de grande importância compreender os efeitos do alagamento sobre as respostas fisiológicas das plantas num contexto das mudanças climáticas. Os principais efeitos sobre a sinalização metabólica e hormonal durante o alagamento são revisados e os possíveis efeitos que as mudanças climáticas poderão ter sobre as plantas amazônicas são discutidos. As informações existentes sugerem que, sob alagamento, as plantas tendem a mobilizar reservas para suprir a demanda de carbono necessária para a manutenção do metabolismo sob o estresse da falta de oxigênio. Até certo limite, com o aumento da concentração de CO_2, as plantas tendem a fazer mais fotossíntese e a produzir mais biomassa, que poderão aumentar ainda mais com um acréscimo de temperatura de até 3 °C. Alternativamente, com o alagamento, há uma diminuição geral do potencial de crescimento e é possível que, quando em condições de CO_2 e temperatura elevados, os efeitos positivo e negativo se somem. Com isso, as respostas fisiológicas poderão ser amenizadas ou, ainda, promover maior crescimento para a maioria das espécies de regiões alagáveis até o meio do século. Porém, quando a temperatura e o CO_2 atingirem valores acima dos ótimos para a maioria das plantas, estas possivelmente diminuirão a atividade fisiológica.

Palavras-chave: alagamento, Amazônia, aquecimento global, mudanças climáticas, sequestro de carbono

Texto 2 – Texto didático

Oliveira, Gilvan Sampaio de. Mudanças climáticas: ensino fundamental e médio. Brasília: MEC, SEB; MCT; AEB, 2009. 348 p. -- : il. – (Coleção Explorando o ensino; v. 13): Coleção Explorando o ensino n. 13, MEC, SEB, 2010.

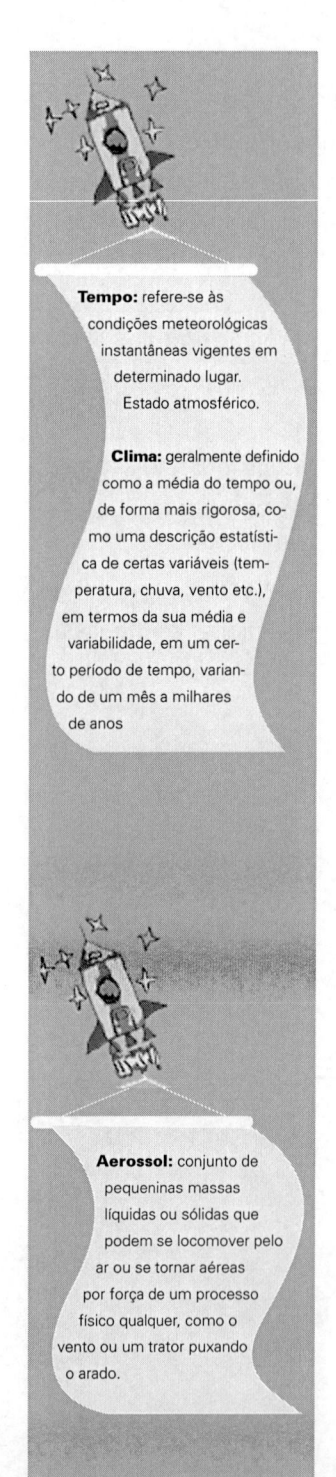

Gases, Clima e Efeito Estufa

Os gases que compõem a atmosfera são determinantes para a ocorrência dos diferentes fenômenos do tempo e do clima.
São eles:

a. 78% de nitrogênio
b. 21% de oxigênio
c. 0,93% de argônio
d. 0,038% de dióxido de carbono e demais gases com menor concentração, tais como neônio, hélio, metano, kriptônio, hidrogênio, ozônio etc.
e. 0,001% de vapor-d'água.

Se excluirmos desta lista o vapor-d'água, teremos os gases que compõem o ar seco da atmosfera.
Como você pode constatar, o nitrogênio e o oxigênio ocupam até 99% do volume do ar seco e limpo. A parte restante, 1%, é ocupada principalmente pelo gás inerte, argônio. Embora esses elementos sejam abundantes, eles têm pouca influência sobre os fenômenos climáticos.

A importância de um gás ou **aerossol** não está relacionada à sua abundância relativa. Por exemplo, embora a concentração de dióxido de carbono na atmosfera terrestre esteja em torno de 0,038%, ele é um importante gás para o fenômeno chamado "efeito estufa", que será discutido mais à frente.

Sol: fonte de energia para a circulação atmosférica

Um passeio à beira-mar pode ser um bom momento para a comprovação de um interessante fenômeno atmosférico. A suave presença de uma brisa pode ensinar muito mais do que a atmosfera terrestre, que está em movimento permanente. Não há nada de acidental na brisa, ela tem uma razão de ser, como todo e qualquer fenômeno natural. Brisa é uma forma de vento e os ventos são causados por um "aquecimento diferencial".

Tempo: refere-se às condições meteorológicas instantâneas vigentes em determinado lugar. Estado atmosférico.

Clima: geralmente definido como a média do tempo ou, de forma mais rigorosa, como uma descrição estatística de certas variáveis (temperatura, chuva, vento etc.), em termos da sua média e variabilidade, em um certo período de tempo, variando de um mês a milhares de anos

Aerossol: conjunto de pequeninas massas líquidas ou sólidas que podem se locomover pelo ar ou se tornar aéreas por força de um processo físico qualquer, como o vento ou um trator puxando o arado.

CAPÍTULO 3   Quando a ciência é notícia...

Texto 3 – Artigo de revista de divulgação científica

Revista Pesquisa Fapesp on-line 03/09/2007, por Marcos Buckeridge

Aquecimento global "engorda" as plantas...

A temperatura não é o único fator que altera o crescimento dos organismos. Se um clima mais quente pode fazer com que as plantas cresçam menos, uma atmosfera com mais CO_2 pode produzir justamente o efeito contrário: levá-las a se expandir e a acumular mais reservas, ou seja, ficarem maiores ou mais "gordas". Uma quantidade maior de carbono disponível nas plantas talvez tenha repercussões negativas sobre a sua longevidade e para as teias alimentares de seu ecossistema. No caso da longevidade, a morte prematura de certas espécies de árvores pode abrir clareiras com mais frequência e acelerar a sucessão ecológica, processo que forma a floresta. Como se sabe, as plantas estão na base das teias alimentares e quaisquer alterações nelas tendem a se refletir nos demais níveis da cadeia. Assim, se o processo de sucessão for acelerado e houver um aumento no armazenamento de carbono (amido, por exemplo), os animais que dependem desse amido terão maior disponibilidade de carbono e energia. Como consequência, a taxa de reprodução pode se elevar, aumentando a população do predador. Essa situação pode tanto atingir um equilíbrio, como alterar fortemente os padrões da biodiversidade (...)

Texto 4 – Artigo de divulgação em revista de variedades

Ciência – 20-10-2010 – http://veja.abril.com.br/noticia/ciencia/mudanca-climatica-ameaca-a-maior-parte-do-planeta-com-graves-secas

Mudança climática ameaça a maior parte do planeta com graves secas

Os Estados Unidos e vários países de grande população enfrentam uma ameaça crescente de grave e prolongada seca nas próximas décadas, segundo um estudo do Centro Nacional de Pesquisa Atmosférica (NCAR) americano. O aumento das temperaturas, combinado com a mudança climática, provavelmente criará um ambiente mais seco em todo o planeta nos próximos 30 anos, afirma o cientista Aiguo Dai, coordenador do estudo e das projeções.

De acordo com Dai, existe a possibilidade de que em certas regiões a seca alcance proporções incomuns e até mesmo nunca vistas na era moderna.

O estudo tem como base 22 modelos climáticos virtuais, um amplo índice de medidas de condições da seca e uma análise de estudos já publicados. O trabalho conclui que a maior parte da América, Europa, Ásia, África e Austrália pode ser ameaçada por secas extremas durante o século.

Já as regiões situadas em latitudes elevadas, do Alasca à Escandinávia, se transformarão provavelmente em zonas mais úmidas, segundo as projeções. "Enfrentamos a possibilidade de seca extensa nas próximas décadas, mas isso ainda não é plenamente reconhecido pela população e pela comunidade que investiga as mudanças climáticas", advertiu Aiguo Dai.

"Se as projeções deste estudo estiverem perto de concretizar-se, as consequências para as sociedades no mundo seriam gigantescas", destaca o cientista.

Dai alertou que as conclusões do estudo são baseadas nas melhores projeções atuais das emissões de gases que provocam o efeito estufa sobre a Terra. O que realmente acontecerá nas próximas décadas dependerá de muitos fatores, incluindo as futuras emissões de gás carbônico, assim como os ciclos climáticos naturais, como a corrente marinha do fenômeno El Niño.

Texto 5 – Rádio

Você pode ouvir a notícia no seguinte link: http://cbn.globoradio.globo.com/programas/cbn-total/2010/07/01/RELATORIO-DO-IPCC-AVALIA-IMPACTOS-DAS-MUDANCAS-CLIMATICAS-NAS-PLANTAS.htm (acesso em 25/2/2011).

CAPÍTULO 3   Quando a ciência é notícia...

Texto 6 – Televisão

Você pode assistir a uma reportagem sobre o tema no seguinte link: http://video.globo.com/Videos/Player/Noticias/0,,GIM616995-7823-AQUECIMENTO+GLOBAL+CALOR+AMEACA+A+BIODIVERSIDADE,00.html (acesso em 25/2/2011).

Parte 2 – Identificando as diferenças

Após ler esses diferentes textos sobre o tema, em grupos, os professores devem preencher e discutir os resultados com base no Quadro 3.3:

Quadro 3.3 Comparação de diferentes tipos de texto que tratam de Ciências

TIPOS DE TEXTO	TEXTO 1	TEXTO 2	TEXTO 3	TEXTO 4	TEXTO 5	TEXTO 6
Linguagem						
Estratégias linguísticas						
Outras estratégias (imagens, músicas, ...)						
O autor (aparece no texto)						
Qual é o público-alvo						

Fonte: Adaptado de Krasilchik e Marandino, 2004.

Parte 3 – Diferentes textos na sala de aula

Após a análise dessas diferenças de discursos e focos, devem ser aprofundadas as discussões sobre o uso desses diferentes textos em sala de aula. Sugerimos algumas questões para o aprofundamento:

- Os textos 1, 3 e 5 são do mesmo pesquisador (no 5 ele é o entrevistado). Quais as principais diferenças do discurso da mesma pessoa, quando se dirige a diferentes públicos?
- Que aspectos de cada um dos textos poderiam ser utilizados em uma sequência de aulas sobre o tema?
- Como o texto científico poderia auxiliar na identificação de aspectos da natureza da atividade científica (por exemplo: "a pesquisa é em grupo", "evitam-se certezas"...)?

Parte 4 – Produção

A partir das discussões e leituras, produzam um texto cujo público-alvo seja *seus alunos*. Para ajudá-los a entender o tema, vocês podem usar:

- Formato entrevista, texto ou outros.
- Recursos como imagens, analogias, esquemas e outros elementos.

Agora é com vocês

Com base nos conteúdos e nas propostas metodológicas do capítulo, escolha um tema a ser trabalhado em sala de aula de Ciências, utilizando mídias audiovisuais educativas e abertas. Utilize a planilha apresentada no Quadro 3.2 deste capítulo para organizar seu planejamento.

Muitas vezes um filme é muito longo para um espaço de uma hora aula, ou talvez você queira usar o recurso de comparar diferentes filmes e/ou programas de televisão. Use então o recurso de recortar partes do DVD e fazer montagens, disponível gratuitamente em alguns *sites*. Com essa ferramenta, você pode montar um material para suas aulas utilizando os aspectos mais representativos dos filmes em relação aos conteúdos e às discussões que estão propostas. No entanto, é também interessante incentivar os alunos a assistir ao filme inteiro em outro momento.

A partir daí, pode ser proposta aos alunos a produção de pequenos vídeos com desenhos ou massinha de modelar sobre o assunto escolhido. A produção de um audiovisual será uma atividade bastante instigadora para os alunos, pois eles podem utilizar as linguagens a que têm acesso, mediadas pelo conhecimento científico, para produzir algo significativo.

Referências bibliográficas

ANDI. *Mudanças climáticas na imprensa brasileira:* uma análise de 50 jornais no período de julho de 2005 a julho de 2007. São Paulo, 2008. Disponível em: http://www.andi.org.br/_pdfs/MudancasClimaticas.pdf. Acesso em: 25 fev. 2011.

ARAÚJO, U. F.; AQUINO, J. G. *Os Direitos Humanos em sala de aula:* a ética como tema transversal. São Paulo: Moderna, 2001.

BRASIL/MEC/Secretaria de Educação Fundamental. *Programa Parâmetros em ação, meio ambiente na escola:* guia de orientação para trabalhar com vídeos. Brasília: MEC/SEF, 2001a.

BRASIL/ Ministério da Ciência e Tecnologia. *Percepção pública da Ciência e Tecnologia*. Brasília: MCT, 2007. Disponível em: www.mct.gov.br. Acesso em: 25 fev. 2010.

BUCKERIDGE, M. S. (org.) *Biologia e mudanças climáticas no Brasil*. São Carlos: Rima Editora, 2008. 316 p.

FERRÉS, J. *Televisão e educação*. Porto Alegre: Artes Médicas, 1996a.

_____. *Vídeo e educação*. 2. ed. Porto Alegre: Artes Médicas, 1996b.

GÁLVEZ DÍAZ, V.; WALDEGG, G. Ciencia y cientificidad en la televisión educativa. *Enseñanza de las Ciencias*, 2004, 22(I). p. 147-158.

KRASILCHIK, M. *Prática de ensino de Biologia*. São Paulo: Edusp, 2004.

_____; MARANDINO, M. *Ensino de Ciências e cidadania*. São Paulo: Moderna, 2004.

LEMONICK, M. D. Além do ponto crítico. *Scientific American Brasil*, n. 32 (Especial Energia), p. 42-9, 2009.

MAGALDI, S. Intimidade com a televisão. *Revista da TV Escola*, Brasília, MEC, Secretaria de Educação a Distância, v. 2, n. 2, mar-abri. 1996, p. 32.

MARANDINO, M.; SELLES, S. E.; FERREIRA, M. S. *Ensino de biologia*: histórias e práticas em diferentes espaços educativos. São Paulo: Cortez, 2009.

OLIVEIRA, B. F. Cinema e imaginário científico. *História, Ciência e Saúde*, v. 13, p. 1.333-50. Rio de Janeiro: Fiocruz, 2006.

PEREIRA, A. S.; MAY, P. H. Economia do aquecimento global. In: MAY, P. H.; LUSTOSA, M. C.; VINHA, V. *Economia do meio ambiente*: teoria e prática. Rio de Janeiro: Campus, 2003. p. 219-26.

PFROMM NETO, S. *Telas que ensinam:* mídia e aprendizagem do cinema ao computador. 2. ed. Campinas: Alínea, 2001.

RAMOS, L. F. A. *O desafio da comunicação ambiental*: um estudo das propagandas das ONGs na TV. São Paulo, 2002, 290 p. Tese de doutorado – Escola de Comunicação e Artes, Universidade de São Paulo.

ROCCO, M. T. F. *Televisão e educação*: um canal aberto. In: FIGUEIREDO, V. L. F. (org.) *Mídia & educação*. Rio de Janeiro: Gryphus, 1999. p. 51-73. (Série Educação em Diálogo)

SAMPAIO, G.; MARENGO, J.; NOBRE, C. A atmosfera e as mudanças climáticas. In: BUCKERIDGE, M. S. (org.) *Biologia e mudanças climáticas no Brasil*. São Carlos: Rima, 2008. p. 5-28.

SILVA, R. L. F. *O meio ambiente por trás da tela*: estudo das concepções de educação ambiental dos filmes da TV Escola, 2007. Tese de doutorado – Faculdade de Educação, Universidade de São Paulo.

SIQUEIRA, D. C. O. *A ciência na televisão:* mito, ritual, espetáculo. São Paulo: Annablume, 1999.

Sugestões de *sites*

Nos *sites* a seguir, é possível encontrar filmes da área de Ciências que podem ser baixados gratuitamente.

- www.dominiopublico.gov.br

- www.ib.usp.br/md
- www.learningscience.org
- www.greenpeace.org.br
- www.cidade.usp.br
- www.futuratec.org.br
- www.mec.gov.br/seed/tvescola, exibe *on-line* a programação da TV Escola.

Sites de informações sobre mudanças climáticas

- http://www.iea.usp.br/cienciasambientais/climatechangeandsouthamerica.Pdf, *site* do Instituto de Estudos Avançados da USP, de onde é possível baixar gratuitamente o livro *Public policy, mitigation and adaptation to climate change in South America*. O livro reúne contribuições de especialistas em mudanças climáticas que estiveram na 3ª Conferência sobre Mudanças Climáticas – América do Sul, em 2007.
- http://mudancasclimaticas.cptec.inpe.br/, *site* do Instituto Nacional de Pesquisas Espaciais, que contém várias informações sobre projetos, pesquisas e *links* relacionados ao tema. Além disso, tem uma página dedicada ao público infantil com atividades sobre o tema.
- http://mudancasclimaticas-educacaoambiental.blogspot.com/ blog de um projeto de extensão da Universidade Federal do ABC que traz resenhas, discussões e propostas de trabalho com o tema.

CAPÍTULO 4
Aulas práticas e a possibilidade de *enculturação* científica

Devo trabalhar com aulas práticas no Ensino Fundamental? Como podem ser essas aulas? De que forma posso desenvolver aulas que aproximem meu aluno da cultura científica? Existem experimentos que "dão certo" ou "dão errado"?

Neste capítulo pretendemos apresentar algumas referências teóricas e práticas para a construção de possibilidades de aulas práticas no Ensino Fundamental, de forma a possibilitar que seus alunos possam pensar, debater, justificar suas ideias e aplicar seus conhecimentos em atividades que tenham a característica de uma investigação científica.

Introdução

As aulas práticas no ensino de Ciências têm uma importância indiscutível, e a suas principais funções reconhecidas na literatura do ensino de Ciências, segundo Krasilchik (2004), são:

- Despertar e manter o interesse dos alunos.
- Envolver os estudantes em investigações científicas.

- Desenvolver a capacidade de resolver problemas.
- Compreender conceitos básicos.
- Desenvolver habilidades.

A mesma autora identifica que outros grupos, como o *Committee on High School Biology Education*, apontam também para as seguintes funções para as aulas práticas:

- Formular, elaborar métodos para investigar e resolver problemas individualmente ou em grupo.
- Analisar cuidadosamente os resultados e significados de pesquisas, voltando a investigar quando ocorrem eventuais contradições conceituais.
- Compreender as limitações do uso de um pequeno número de observações para gerar conhecimento científico.
- Distinguir observação de inferência, comparar crenças pessoais com compreensão científica e compreender as funções que exercem na Ciência, como são elaboradas e testadas as hipóteses e teorias.

Embora reconheçamos a existência de fatores limitantes para a proposição de aulas práticas, como ausência de laboratório, falta de tempo para preparação, falta de equipamentos, entre outros, um pequeno número de atividades práticas, desde que interessantes e desafiadoras, já será suficiente para proporcionar um contato direto com os fenômenos, identificar questões de investigação, organizar e interpretar dados, entre outros.

Campos e Nigro (1999) apresentam uma classificação das atividades práticas:

1. *Demonstrações práticas*: atividades realizadas pelo professor. Possibilitam ao aluno maior contato com os fenômenos já conhecidos e com equipamentos, instrumentos, fenômenos e até seres vivos.

2. *Experimentos ilustrativos*: atividades que os alunos podem realizar e que cumprem as mesmas finalidades das demonstrações práticas.
3. *Experimentos descritivos*: atividades que o aluno realiza e que não são obrigatoriamente dirigidas o tempo todo pelo professor. Nelas, o aluno tem contato direto com coisas ou fenômenos que precisa apurar, sejam ou não comuns ao seu dia a dia. Aproximam-se das atividades investigativas, porém não implicam a realização de testes de hipóteses.
4. *Experimentos investigativos:* atividades práticas que exigem participação ativa do aluno durante sua execução. Diferem das outras por envolverem obrigatoriamente discussão de ideias, elaboração de hipóteses investigativas e experimentos para testá-las.

No nosso entendimento, as quatro modalidades de atividades práticas propostas são importantes no ensino de Ciências. Se não há disponibilidade de material para todos, o professor pode recorrer às demonstrações, desde que sejam bem planejadas e permitam a visualização e as intervenções dos alunos. Os experimentos ilustrativos e descritivos podem ter uma função importante para o ensino de determinado conteúdo. No entanto, quando o objetivo for proporcionar aos estudantes o envolvimento com uma investigação científica, na qual sejam possibilitadas a formulação de hipóteses, elaboração de métodos para testá-las, análise de resultados, inferências e solução de um problema, os experimentos propostos devem ter caráter investigativo.

Ao folhearmos alguns livros didáticos, é possível perceber que os experimentos são apresentados geralmente no final dos capítulos, como forma de comprovação ou fixação do conteúdo aprendido. Além desse aspecto, são apresentados protocolos prontos para realização dessas atividades.

Um grupo de pesquisadores do Laboratório de Pesquisa em Ensino de Física (Lapef) da Faculdade de Educação da USP apresentou trabalhos voltados ao Ensino Fundamental e Médio[1], nos quais o ex-

---
[1] Ensino Fundamental (Carvalho et al, 1998) e Médio (Carvalho et al, 1999).

perimento é utilizado sempre como ponto de partida. Os pesquisadores relatam que, para que uma atividade experimental possa ser considerada de investigação, a ação do aluno não deve se limitar apenas ao trabalho de observação e manipulação, devendo conter características do trabalho científico, ou seja, reflexões, relatos, discussões, ponderações, entre outras.

Nas propostas apresentadas busca-se levar os alunos a refletir sobre os problemas experimentais que são capazes de resolver, o que permite que eles pensem cientificamente e construam sua visão de mundo (Carvalho *et al.*, 1998). Concordamos com as pesquisadoras que, se quisermos que nossos alunos realmente aprendam, temos de criar um ambiente intelectualmente ativo, organizando grupos cooperativos, que possam gerar um intercâmbio entre os alunos.

Como já destacamos, a investigação científica deve envolver reflexão, relatos, discussões, ponderações e explicações. Nesse sentido, o processo é tão importante quanto o produto:

> Utilizar experimentos como ponto de partida, para desenvolver a compreensão de conceitos, é uma forma de levar o aluno a participar de seu processo de aprendizagem, sair de uma postura passiva e começar a agir sobre o seu objeto de estudo, relacionando o objeto com acontecimentos e buscando as causas dessa relação, procurando, portanto, uma explicação causal para o resultado de suas ações e/ou interações (Carvalho et al, 1999).

Essa perspectiva de ensino investigativo também vem ao encontro das avaliações e propostas internacionais relacionadas ao ensino de Ciências. O PISA, Programa Internacional de Avaliação de Estudantes, avalia comparativamente entre diversos países o desempenho de alunos na faixa dos 15 anos de idade, quando se pressupõe o término da escolaridade básica obrigatória na maioria dos países. Esse programa é desenvolvido e coordenado internacionalmente pela Organização para Cooperação e Desenvolvimento Econômico (OCDE), e no Brasil é coordenado e aplicado pelo Inep – Instituto Nacional de Estudos e Pesquisas Educacionais Anísio Teixeira, órgão do MEC. As avaliações do

PISA acontecem a cada três anos, com ênfases distintas em três áreas: em 2000, o foco era na Leitura; em 2003, a área principal foi Matemática; em 2006, foi Ciências.

Os objetivos de avaliação do PISA tentam verificar o letramento nessas áreas, onde pretende identificar a capacidade do estudante de ir além dos conhecimentos aprendidos na escola e analisar, refletir, interpretar, colocar e solucionar problemas em uma infinidade de situações. Nas questões de Ciências são avaliadas as seguintes competências:

- Identificar questões científicas.
- Explicar o funcionamento de fenômenos aplicando o conhecimento científico.
- Utilizar evidências científicas para elaborar e justificar suas conclusões.

Tais competências podem ser consideradas características da cultura científica.

Cultura científica e enculturação

Segundo Capecchi (2004), a Ciência pode ser entendida como uma forma de cultura, uma vez que é construída socialmente e que possui práticas específicas que são sustentadas pelo compartilhamento de crenças, regras e linguagem que lhe são próprias. No entanto, a mesma autora ressalta que o conhecimento científico não pode ser transmitido na escola tal como é produzido, uma vez que o contexto escolar conta com agentes, objetos e objetivos próprios. Essa concepção da Ciência como cultura tem sido reconhecida pela Sociologia e Filosofia da Ciência nas últimas duas décadas, bem como por outros autores que trabalham com ensino de Ciências, como Krasilchik e Marandino (2004).

Nessa perspectiva de caráter social da Ciência, os modelos de conhecimento e modos de entender o mundo natural que a Ciência produz são construções humanas e não podem ser observados diretamente na natureza. Para permitir o aprendizado dessa forma de ver e entender o mundo, é necessário que ocorra uma introdução na forma como esses modelos são construídos e na forma particular como o mundo pode ser representado.

Assim, a aprendizagem de Ciências pode ser considerada uma espécie de enculturação, pela qual o estudante entra em contato com uma nova forma de ver os fenômenos e uma linguagem específica para explicá-los. Essa enculturação pode ser entendida como a imersão dos estudantes em uma nova cultura, promovendo o acesso às formas que a Ciência possui para a construção dos conhecimentos, seja sua linguagem, seja o conjunto de suas práticas (Capecchi e Carvalho, 2006; Tonidandel, 2008).

Dessa forma, o simples contato dos alunos com atividades experimentais não garante necessariamente o envolvimento com a cultura científica. Tem sido proposto que as atividades experimentais possam ser trabalhadas na forma de proposição de problemas abertos, que proporcionem o maior envolvimento dos alunos com a atividade investigativa e a enculturação científica. Assim, a resolução do problema é fundamentada na ação do aluno, que deverá refletir, discutir, propor explicações provisórias, testar essas explicações, explicar e relatar, aproximando seu trabalho de uma investigação científica (Carvalho et al., 1998).

O professor assume um papel fundamental nesse processo investigativo, no sentido de propor problemas, acompanhar as discussões, promover novas oportunidades de reflexão, estimular, desafiar, argumentar, ou seja, torna-se um orientador da aprendizagem de seus alunos e auxilia a passagem do senso comum para o saber científico.

A importância da linguagem e dos registros[2]

Para ensinar a natureza da atividade científica aos cidadãos, deveríamos dar ênfase ao fato de que equipamentos de laboratório, tais como microscópios, telescópios ou espectrômetros, não são importantes por si sós. Falar, observar e escrever são tão importantes como manipular os instrumentos.

---

[2] Tonidandel (2008).

CAPÍTULO 4 Aulas práticas e a possibilidade de *enculturação* científica

Um número expressivo de pesquisas em Educação em Ciências tem estudado, sob a ótica sociocultural, questões relativas ao funcionamento da linguagem nas situações de ensino e aprendizagem. A linguagem científica aparece como instrumento fundamental nas atividades da Ciência. Pesquisadores têm ressaltado a importância da discussão e da escrita no trabalho prático nas aulas de Ciências.

Ao final de cada período de trabalho, os cientistas escrevem seus relatórios com inscrições literárias (registros de sua experimentação), que formarão evidências, tornando-se resultados que sustentarão a afirmação científica justificada pelo conhecimento teórico específico. Dentro da abordagem da aprendizagem de Ciências como enculturação, aprender essa disciplina envolve uma socialização dos alunos nas práticas e linguagens da comunidade científica. Um dos processos mais intensos dessa prática é a argumentação. Os professores podem facilitar o processo de produção de escrita dos alunos mediante o uso de dados empíricos, como a conferir legitimidade às ações científicas.

Compreendemos que a argumentação é importante para a educação científica, uma vez que a investigação científica tem como objetivo a geração e justificação de novas afirmações de conhecimento da Ciência. Segundo o modelo de Toulmin (2006), os elementos que compõem a estrutura de um argumento são o dado (D), a conclusão (C), a garantia (W), os qualificadores modais (Q), a refutação (R) e o conhecimento básico (B). As características desses componentes são:

- **Dados** são os fatos envolvidos no argumento que dão suporte à conclusão.
- **Conclusão** é a afirmação cujo mérito está sendo estabelecido.
- **Garantia** é formada pelas regras, princípios e razões, sendo proposta para justificar a conexão entre os dados e a conclusão.
- **Apoio, ou conhecimento básico,** é o conhecimento teórico básico que dá apoio à garantia dada. Leis, conceitos, teorias são utilizados para elaborar esse componente.

- **Qualificadores** são formados por condições específicas que tornam a conclusão verdadeira, representando as suas limitações.
- **Refutações** são as condições específicas que tornam as conclusões inválidas, as exceções.

Para exemplificar essas categorias em uma situação real de ensino, apresentamos o exemplo da pesquisa de Tonidandel (2008), que analisou uma sequência de aulas em que a pergunta central da investigação proposta para a classe foi: "Qual é a influência da luz no crescimento dos vegetais?" A pesquisadora analisou os registros escritos dos alunos (relatórios), identificando os elementos argumentativos expressos, conforme podemos observar no Quadro 4.1.

Quadro 4.1 Categorias e exemplos de componentes da argumentação em registros escritos de alunos em aulas de Ciências

Dado Empírico D	Dados que procedem de uma atividade experimental em laboratório	"... que no escuro a planta ficou um pouco amarelada"
Garantia W	Declaração geral que justifica a conexão entre dado e conclusão	"pois os cloroplastos (partes verdes) não eram estimulados"
Conclusão C	Declaração cuja validade se quer estabelecer	"Sendo assim, se não há luz, não há produção de cloroplastos".
Apoio B	Conhecimento de caráter teórico que funciona como um respaldo à justificativa (pode proceder de fontes distintas: docente, livro, elaboração própria)	"a luz estimula a produção de cloroplastos"
Qualificador Modal Q	Especifica condições para as hipóteses ou conclusões	"se não há luz"
Refutação R	Especifica condições para descartar as hipóteses ou conclusões	"com exceção da que ficou na presença de luz elétrica"

Fonte: Tonidandel, 2008, p. 64-5.

CAPÍTULO 4   Aulas práticas e a possibilidade de *enculturação* científica

Uma ferramenta importante para registros das aulas práticas, além dos relatórios, são os desenhos de observação. Segundo Trivellato et al (2004), os desenhos de observação são uma ferramenta utilizada até pelos pesquisadores e podem ser úteis para avaliarmos se os alunos estão assimilando o que está sendo estudado. Os desenhos não precisam ser retratos fiéis do que se observa, mas sim representações construídas para consultas futuras daquilo que se estuda.

História da Ciência nas aulas práticas: microscópios – do surgimento à sala de aula[3]

Um aspecto importante a ser trabalhado no ensino de Ciências é a relação entre o conhecimento científico e a história de como ele foi produzido. Em aulas práticas, a história da produção dos instrumentos de pesquisa pode possibilitar um enriquecimento dessa prática.

Figura 4.1 Microscópio construído por Antonie van Leeuwenhoek

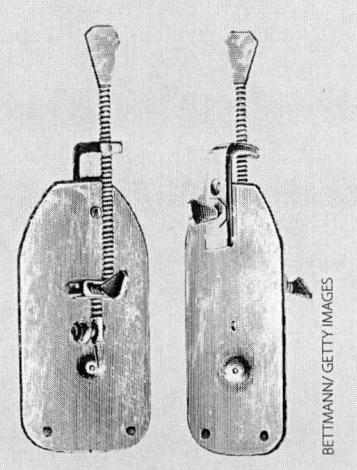

Um instrumento que revolucionou nossa forma de ver o mundo foi o microscópio. A aventura do conhecimento dos seres microscópicos surgiu quando um holandês, Antonie van Leeuwenhoek (1632-1723), começou a polir lentes cada vez menores, possibilitando aumentos de até 160 vezes. Para poder movê-las, colocando em foco o que examinava, construiu um microscópio com parafusos (Figura 4.1). Além disso, Leeuwenhoek possuía enorme curiosidade, paciência, perseverança e capacidade de descrever de maneira detalhada suas observações.

---

[3] Dados históricos e registros foram obtidos de: Raw e Sant'Anna. *Aventuras da Microbiologia*. São Paulo: Hacker, 2002.

Utilizando microscópios iguais ao da figura da página seguinte, com aumentos máximos de 200 diâmetros, Leeuwenhoek observou bactérias, espermatozoides, protozoários e muitos objetos microscópicos.

Leeuwenhoek descreveu suas observações para a Royal Society of London, uma das mais antigas sociedades científicas, fundada em 1660, cujo objetivo era promover o conhecimento natural. Em suas cartas para a sociedade, descreveu pequenos seres vivos, seus tamanhos, como se moviam e quanto tempo viviam. Vejamos a seguir um dos exemplos dessas descrições, escrito em 16 de junho de 1677, tendo examinado uma amostra de água de poço na qual havia mergulhado uma pimenta no dia anterior:

> Estou satisfeito que os filósofos tenham gostado de minhas observações, apesar de terem achado difícil conceber o enorme número de animálculos presentes numa gota de água. Eu nunca afirmei que existissem tantos. Eu disse que imaginava ter tantos...[4]

Leeuwenhoek ficou famoso por suas descobertas e denominou *animalculus* as pequenas criaturas vivas apenas identificáveis através dos vidros curvos de suas lentes. Viu microrganismos que se moviam em gotas de chuva, infusões pútridas, saliva e vinagre. E narra, numa outra carta, o estranhamento das pessoas com suas descobertas:

> Vieram várias damas a minha casa ansiosas para ver as pequenas enguias no vinagre, mas algumas ficavam tão enojadas com o espetáculo que juravam nunca mais usar vinagre. E se alguém contasse a essas pessoas, no futuro, que há mais dessas criaturas nos resíduos dos dentes da boca de um homem do que o total de homens de todo um reino? Especialmente naqueles que nunca limpam os dentes.[5]

Em 1655, o físico Robert Hooke construiu o primeiro microscópio composto (Figura 4.2), com uma lente próxima ao material a ser analisado

---

[4] Extraído do livro *Beads of glass*: Leeuwenhoek and the early microscope *apud* Raw e Sant'Anna, 2002.
[5] Trecho obtido em http://www.cienciahoje.pt/index.php

CAPÍTULO 4   Aulas práticas e a possibilidade de *enculturação* científica

(a objetiva) e outra lente próxima ao olho (a ocular). Para examinar a cortiça, fazia cortes finos suficientes para que a luz atravessasse, colocando-os entre dois vidros: lâmina e lamínula. Suas inúmeras observações foram publicadas num livro chamado *Micrografia*.

Figura 4.2 Microscópio construído por Robert Hooke

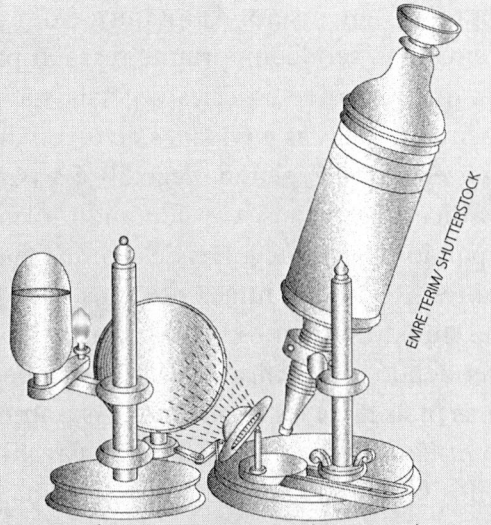

Hooke's microscope; Robert Hooke

Os microscópios eram construídos de modo empírico até que, em 1873, o físico alemão Ernst Abbé estudou a melhor forma de construir objetivas e oculares, cada qual constituída da associação de várias lentes, uma vez que não basta apenas aumentar o tamanho da imagem. É preciso separar detalhes ("resolver"), gerando imagens distintas para cada ponto.

Os microscópios possibilitaram o conhecimento de uma gama de seres vivos que eram desconhecidos, alguns até mesmo patogênicos. Atualmente existem vários tipos, com possibilidades de aumento que vão desde uma centena até centenas de milhares de diâmetros. São classificados em duas categorias: óptico e eletrônico.

Enfoque conceitual: anatomia e fisiologia vegetal

Muitas vezes o ensino de Botânica é negligenciado nas escolas de Ensino Fundamental. O professor, na hora de selecionar os conteúdos a serem ministrados no tópico Seres Vivos, acaba muitas vezes optando por privilegiar o reino animal, por considerar mais interessante e com maiores possibilidades de aprendizagem. Considera-se que o reino vegetal tem muitos "nomes" de estruturas, o que poderia tornar desinteressante ou "decorativo" seu ensino. A Botânica é um universo ainda pouco explorado em aulas, sendo importante resgatar para nossos alunos a dependência que temos de espécies vegetais, não só na alimentação, como também em todas as atividades de nosso dia a dia.

Botânica (do grego *botáne*: planta, vegetal) é a parte da Biologia que estuda e classifica os vegetais, considerando forma, estrutura e composição, agrupando-os em categorias de acordo com as suas características semelhantes. Registros antigos nos mostram que a Botânica já era estudada há milhares de anos. Com o passar do tempo, a humanidade foi aprendendo a classificar e catalogar espécies de acordo com seu uso para as mais diversas finalidades. As primeiras formas de classificação eram *artificiais*, não mais usadas; baseavam-se em apenas alguns caracteres dos vegetais, como estrutura da folha, maior ou menor desenvolvimento do caule, tipos de corola, número de estames etc., podendo reunir-se em grupos vegetais sem nenhuma semelhança natural. Essas classificações são úteis para identificar as plantas, mas não têm valor científico.

O primeiro sistema de classificação das espécies vegetais (e também animais) foi criado pelo naturalista sueco Lineu (Carl von Lineu, 1707-1778), baseada nos caracteres dos *estames,* isto é, no número e posição dos estames na flor. Devido a isso, o sistema de Lineu é também chamado *sistema sexual*. Nessa classificação, podia acontecer que espécies de um mesmo gênero, com número diferente de estames, fossem enquadradas em classes diferentes. A importância de Lineu, na história da Botânica, é imensa. Teve o grande mérito de criar uma espécie de catálogo onde registrou uma grande parte das plantas conhecidas nos dias de hoje, dando-lhes dois nomes, o primeiro representando o *gênero* e o segundo, a *espécie*, utilizando o latim como idioma para padronizar os nomes das espécies em todo o mundo.

O sistema de classificação de Lineu foi aperfeiçoado, mais tarde, por diversos botânicos, dentre os quais podemos citar: Eichler, que dividiu o Reino Vegetal em *criptógamas* (plantas sem flores) e *fanerógamas* (plantas com flores); Engler, que o dividiu em *talófitas* (plantas com talo e sem órgãos vegetativos) e *cormófitas* (plantas com raiz, caule e folhas); até chegar em Cronquist, que introduziu um sistema que leva em consideração não apenas a morfologia, mas também a filogenia (história evolucionária) e a composição química das espécies, para a sua classificação[6].

Atividades

1. **Experimento descritivo sobre diversidade floral**

A proposta de atividade foi extraída e adaptada da apostila *Propostas para o ensino de Botânica*, de Santos e Ceccantini (2004)[7], professores do Departamento de Botânica do Instituto de Biociências da USP[8].

OBJETIVOS

Reconhecer a diversidade floral em termos morfológicos e associá-la à evolução da vida no planeta.

MATERIAL

- Bandeja plástica, estilete, lupa conta-fios (lente de 10 aumentos).
- Flores de plantas diversas identificadas numericamente (por exemplo: ibisco, rosa, azaleia, dombeia, eritrina, entre outras).

---

[6] Minhoto (2005) apresenta um histórico do ensino de Botânica, que utilizamos para elaborar essa síntese.
[7] Experimento P6 Diversidade Floral – proposto por Santos, Ceccantini e Sano.
[8] A apostila pode ser obtida no *site* do Instituto de Biociências, no Departamento de Botânica (www.ib.usp.br).

PROCEDIMENTOS

1. Observe o material em demonstração e veja as diferentes formas de organização das flores nas angiospermas.
2. Pegue a flor do material número 1 e procure identificar todas as suas partes. Se necessário, utilize uma lupa conta-fios. Observe as pétalas, sépalas, ovário e estames.
    a) Observe o androceu. Identifique as partes dos estames: filete, antera e conectivo.
    b) Observe o gineceu. Identifique as partes: ovário, estilete e estigma.
    c) Corte o ovário e observe o que tem dentro. Quando o fruto amadurece, em que se transformam essas estruturas?
3. Discuta com os seus colegas e responda:
    a) Qual a função de cada uma das partes observadas?
4. Analise da mesma forma as flores dos demais materiais oferecidos.
5. Discuta com os seus colegas e complete o quadro a seguir, comparando os materiais.

CARACTERÍSTICAS	MATERIAL 1	MATERIAL 2	MATERIAL 3	MATERIAL 4
Planta				
Cálice (conjunto de sépalas) Número de sépalas				
Sépalas livres ou fundidas				
Coloração das sépalas				
Corola (conjunto de pétalas) Número de pétalas				
Pétalas livres ou fundidas				
Coloração das pétalas				

CAPÍTULO 4   Aulas práticas e a possibilidade de *enculturação* científica

CARACTERÍSTICAS	MATERIAL 1	MATERIAL 2	MATERIAL 3	MATERIAL 4
Há distinção entre cálice e corola?				
Androceu (conjunto de estames) Número de estames				
Estames livres ou fundidos				
Abertura da antera e pólen				
Gineceu Número de ovários por flor				
Número de óvulos no ovário				

Após completar o quadro, os resultados devem ser apresentados coletivamente e os grupos devem entregar relatórios escritos e desenhos sobre a atividade.

2. Experimento investigativo sobre o crescimento dos vegetais

Em experimentos investigativos, não existe um roteiro preparado pelo professor, como na proposta anterior. A proposta começa com uma questão-problema e caberá aos alunos a proposição das etapas da investigação. Eles é que decidirão sobre os dados que precisam obter, como proceder para obtê-los, como interpretá-los e como apresentar os resultados de suas investigações.

Essa atividade foi adaptada do material *Actividades para trabajar el uso de pruebas y la argumentación em Ciencias*, de Alexandre, Otero, Santamaria e Mauriz (2009), produzido na Universidade de Santiago de Compostela, que propõe exemplos de atividades para trabalhar o uso de evidências/provas para construir a argumentação científica dos alunos e que o professor pode usar como base para a elaboração de suas atividades.

> **PERGUNTA GERADORA**
>
> A Lua exerce influência no crescimento das plantas?

O professor pode colocar a pergunta aos grupos para que planejem a obtenção dos dados e sua interpretação. Em outra proposta, ou posteriormente às análises e comunicações, o professor pode apresentar a história descrita no material citado, que reproduzimos a seguir[9], que traz diversas indagações científicas para os alunos pensarem com base em experimentos já realizados.

Sugere-se que o professor trabalhe cada parte em momentos diferentes. Se ele decidir que os alunos devem também fazer o experimento apresentado, podem utilizar a segunda e terceira partes para comparar com os dados obtidos. O professor deve orientar os alunos sobre os critérios de análise das evidências/provas: se são, por exemplo, confiáveis, suficientes e específicas.

Parte 1

Tiago, Felipe, Isabela e Manuela, alunos do 8º ano, precisam constatar cientificamente se o ciclo da Lua afeta o crescimento das plantas. Vocês foram convidados a auxiliar nessa investigação e devem planejar, de forma mais precisa possível, o que poderiam fazer para comprovar se é verdade que as fases da Lua afetam o crescimento das plantas. Algumas perguntas que podem ajudar nesse planejamento são:

- O que poderia ser considerado uma evidência/prova de que as fases da Lua afetam as plantas?

---

[9] A tradução e a adaptação do texto da atividade foram nossas.

CAPÍTULO 4   Aulas práticas e a possibilidade de *enculturação* científica

- Que dados poderiam ser obtidos para comprovar ou contrariar essa afirmação?
- Qual é o número mínimo de experimentos que precisaríamos planejar para isso?
- Como nos assegurarmos que foi por causa da Lua ou de outro fator?
- Que materiais seriam necessários para fazer isso?

Parte 2

O grupo decidiu que consideraria como evidência de que as plantas crescem mais se fossem plantadas em uma determinada fase da Lua, e que o dado que deveriam recolher era a medida das plantas das quatro fases, sendo necessário um mínimo de quatro experimentos, um por fase da Lua. Para assegurar-se de que o crescimento se referia à fase da Lua e não a outro fator, um dos alunos do grupo propôs usar materiais idênticos nos quatro experimentos, bem como medir a água que iria regá-las. Os materiais foram: a) sementes; b) terra; c) algodão para o início da germinação; d) uma seringa para ministrar 20 ml de água por vez; f) régua milimetrada.

Eles descreveram assim os experimentos:

> Começamos no dia 29 de fevereiro, no início da Lua minguante. Colocamos 15 sementes em algodão umedecido com 20 ml de água nos vasos. Uma semana depois, transportamos para a terra, voltando a colocar 20 ml de água. A inserção de água foi semanal até 28 de março, em que as medimos com uma régua desde a base do caule até a ponta. Repetimos o processo nos três ciclos restantes da Lua.

O quadro a seguir resume a altura em cm das plantas que germinaram (que não foram todas).

PLANTA N.	LUA MINGUANTE	LUA NOVA	LUA CRESCENTE	LUA CHEIA
1	3,56	3,1	8,22	19,5
2	0,8	9,6	7,8	18,2
3	3,08	8,9	11	21,5
4	13,2	8,5	11,5	22
5	9,9	8	14,5	21
6	13,22	3,9	–	6
7	8,9	11,9	–	–
8	7,4	2,5	–	–
9	5,82	4	–	–
10	8,5	2	–	–
11	5,69	3	–	–
12	5,13	2,1	–	–
Média	7,1 cm	5,6 cm	10,64 cm	18 cm

Vocês deverão ajudar esses alunos a interpretar esses resultados. Vocês acreditam que é possível extrair alguma(s) conclusão(ões) a partir deles? Vocês fariam o experimento de outro modo?

Parte 3

As conclusões de Tiago, Felipe, Isabela e Manuela foram:

1. As plantas que mais cresceram foram aquelas plantadas na Lua cheia, a partir das médias obtidas.
2. Se levarmos em conta a dispersão dos dados nas plantações das quatro fases, com valores altos e baixos em todas elas e sementes que não germinaram, não podemos concluir que há influência da Lua no crescimento das plantas.
3. É necessário aprofundar o estudo, com novos experimentos, para poder obter conclusões mais consistentes.

CAPÍTULO 4   Aulas práticas e a possibilidade de *enculturação* científica

Após passar aos grupos esse texto, o professor deve apresentar, em etapas, as questões a seguir, para serem pensadas pelos grupos:

- Vocês estão de acordo com essas conclusões?
- Com que parte das conclusões vocês concordam ou não? Justifiquem.
- Vocês podem propor alguma hipótese alternativa (distinta da influência da Lua) para explicar por que foi mais alta a média de crescimento na Lua cheia? Como poderiam comprová-la?

Com esses resultados, algumas pessoas poderiam ficar descontentes porque, depois de muito trabalho, não é possível afirmar nem negar de forma clara a influência da Lua. Os professores podem indagar aos alunos se eles acreditam que experimentos são úteis para pensar sobre isso e o que se pode aprender com eles.

Na conclusão 3 do grupo, os alunos disseram que seria conveniente realizar novos experimentos, com resultados que apontassem para provas/evidências mais sólidas sobre a influência da Lua. Sugira que os alunos proponham e realizem um experimento para melhorar as conclusões existentes, comprovando (ou refutando) as hipóteses alternativas.

Comentários sobre a atividade

Para os alunos e até para nós, professores, é difícil aceitar que os resultados de um experimento podem não ser conclusivos, nem provando nem refutando a hipótese inicial. Segundo os objetivos do próprio material, a atividade propõe o reconhecimento da incerteza como elemento integrante do trabalho científico: em muitos casos é necessário repetir experimentos, replanejá-los, perguntar se algum erro foi cometido e em que é possível melhorar (Alexandre, Otero, Santamaria e Mauriz, 2009). Por exemplo, no experimento apresentado, os alunos controlaram a quantidade de água, mas não a temperatura. Acompanhando o trabalho experimental, podem também ser feitas pesquisas, por exemplo, sobre a influência da Lua na agricultura.

Agora é com vocês

Com base na classificação apresentada no início deste capítulo, procurem classificar os experimentos propostos em livros didáticos ou em outros locais (como os *sites* sugeridos no final deste capítulo) em: Demonstrações práticas, Experimentos ilustrativos, Experimentos descritivos, Experimentos investigativos. Qual é o tipo mais comum? Escolham um desses experimentos e tentem formular uma questão-problema que poderia fazer com que seus alunos encaminhassem as etapas seguintes de planejamento de uma atividade experimental para testar suas hipóteses.

Referências bibliográficas

ALEXANDRE, M. P. J.; OTERO, J. R. G.; SANTAMARIA, F. E.; MAURIZ, B. P. *Actividades para trabajar el uso de pruebas y la argumentación en Ciencias.* Universidade de Santiago de Compostela, Danú, 2009, 49 p.

CAMPOS, M. C. C.; NIGRO, R. G. *Didática de Ciências:* o ensino-aprendizagem como investigação. São Paulo: FTD, 1999.

CAPECCHI, M. C. V. M. *Aspectos da cultura científica em atividade de experimentação nas aulas de física.* Tese de Doutorado — Faculdade de Educação da Universidade de São Paulo, 2004.

_____; CARVALHO, A. M. P. *Atividade de laboratório como instrumento para a abordagem de aspectos da cultura científica em sala de aula.* Pró-Posições, v. 17, n. 1, Revista Quadrimestral da Faculdade de Educação Unicamp-Campinas, 2006.

CARVALHO, A. N. P. (org.) *Ciências no ensino fundamental:* o conhecimento físico. São Paulo: Scipione, 1998.

_____. (coord.) *Termodinâmica:* um ensino por investigação. São Paulo: Feusp, 1999.

KRASILCHIK, M. *Prática de ensino de Biologia.* São Paulo: Edusp, 2004.

_____ e MARANDINO, M. *Ensino de ciências e cidadania.* São Paulo: Moderna, 2004. (Coleção Cotidiano Escolar).

MINHOTO, M. J. *Breve histórico do ensino de Botânica*. Artigo obtido em www.botanicasp.org.br/educacao/AUSENCIA.HTM. Acesso em 18 ago. 2005.

RAW e SANT'ANNA. *Aventuras da Microbiologia*. São Paulo: Hacker Editores, 2002.

SANTOS, D. Y. C.; CECCANTINI, G. (orgs.) *Proposta para o ensino de Botânica:* curso para atualização de professores da rede pública de ensino. São Paulo: Instituto de Biociências da Universidade de São Paulo, Departamento de Botânica, 2004.

TONIDANDEL, S. M. R. *Escrita argumentativa de alunos do ensino médio alicerçada em dados empíricos obtidos em experimentos de biologia*. São Paulo, 2008. Tese de Mestrado – Faculdade de Educação, Universidade de São Paulo.

TOULMIN, S. E. *Os usos do argumento*. 2. ed. São Paulo: Martins Fontes, 2006.

TRIVELLATO, J. et al. *Ciências, natureza e cotidiano:* criatividade, pesquisa, conhecimento – 6ª série. São Paulo: FTD, 2004. (Coleção Ciências, Natureza e Cotidiano)

Sugestões de *sites*

- www.ib.usp.br, no ícone do Departamento de Botânica, você pode obter o *download* da apostila acima citada, pesquisar em um Atlas de Botânica virtual e obter informações sobre uma série de cursos que são oferecidos pelo departamento.
- www.nucleodeaprendizagem.com.br/botanica2.htm, possui um Atlas de Botânica virtual bastante completo e com fotos que podem enriquecer bastante suas aulas.
- http://www.botanicasp.org.br, *site* da Sociedade Botânica de São Paulo. Contém artigos, notícias de eventos, Atlas, entre outros.
- http://revistaescola.abril.com.br/edicoes/0183, *site* onde você pode encontrar experimentos de Microbiologia que não precisam de microscópio.
- www.ib.usp.br/iec, *site* onde são apresentados experimentos propostos por alunos da disciplina Instrumentação para o Ensino de Ciências.
- www.fe.usp.br, nesta página é possível acionar o *site* do Laboratório de Pesquisa em Ensino de Física, onde os vídeos das atividades de conhecimento físico estão disponíveis para *download*.

- http://dfisica.bauru.unesp.br/docentes/fcl/expers/index.htm, proposta de diversos experimentos de Física utilizando materiais do dia a dia.
- http://www.labvirt.if.usp.br, laboratório didático virtual do Instituto de Física da Universidade de São Paulo.
- http://www.fisica.ufc.br, *site* que apresenta conteúdos de Física, perguntas e respostas e sugestões para feiras de Ciências.
- http://www.cienciaonline.org, apresenta *links* para assuntos de Astronomia, História da Ciência, meio ambiente, Meteorologia etc.
- http://www.feiradeciencias.com.br, apresenta sugestões de experimentos para a sala de aula e atividades para ser apresentadas em feiras de Ciências.
- www.sbq.org.br/ensino, *site* da Sociedade Brasileira de Química, que possui uma parte referente ao ensino de Química. Além disso, é possível fazer busca e *donwload* de todos os artigos publicados na revista *Química Nova na Escola*.
- www.iq.ufrgs.br, *site* do Instituto de Química da Universidade Federal do Rio Grande do Sul, onde é possível baixar textos e propostas de experiências referentes ao ensino de Química.
- http://www.clubedoprofessor.com.br/recursos/feiradeciencias, *site* de busca que leva a diversos locais com experimentos e atividades para aulas de Ciências.
- www.cdcc.sc.usp.br, *site* com diversos projetos da área de ensino de Ciências, incluindo a parte de Química.
- http://gepeq.iq.usp.br, grupo de pesquisa em ensino de Química do Instituto de Química da USP – projetos, textos e materiais da área.
- http://geocities.yahoo.com.br/chemicalnet, *site* dedicado ao ensino de Química, com informações sobre história da Ciência, textos e atividades experimentais.

CAPÍTULO 5
Temas científicos controversos: há lugar para eles no Ensino Fundamental?

Como articular os conhecimentos científicos com o cotidiano social de meus alunos? Como trabalhar temas que não envolvem apenas conhecimento, mas principalmente atitudes e valores? Existe articulação entre a ética e o ensino de Ciências? Como trabalhar com questões para as quais não há uma resposta única?

As discussões propostas neste capítulo tentam investigar formas de trabalhar com assuntos que envolvem juízo de valor e de como subsidiá-los pelos conhecimentos científicos, articulando a Ciência da sala de aula com o desenvolvimento e a aplicação de tecnologias e com questões sociais do cotidiano.

Introdução

O conhecimento científico se constrói em relação intrínseca com a sociedade. Nesse sentido, a aprendizagem de Ciências não pode prescindir da busca de uma compreensão integrada do significado dos conceitos aprendidos, formando conexões e vínculos com o que se observa na sociedade, nos meios de comunicação, nos museus, entre outros.

Para tanto, os professores e, particularmente, o professor de Ciências devem incorporar uma prática pedagógica não só voltada para a construção de habilidades cognitivas, mas também para o desenvolvimento de valores e atitudes, contribuindo assim para o exercício da cidadania.

Atualmente, os meios de comunicação, ressaltando a televisão e a mídia impressa, nos bombardeiam (a nós e aos nossos alunos) com informações e visões – na maioria das vezes fragmentadas – a respeito dos avanços da Ciência moderna, como transgênicos, inseminação artificial, clonagem, células-tronco, teste de paternidade, entre outros. Silva (2003) destaca que a mudança sobre a visão da Ciência e Tecnologia e suas interações com a sociedade talvez seja uma das principais razões e desafios que temos a enfrentar atualmente no ensino das Ciências.

Perspectivas de ensino de Ciências voltadas à articulação entre Ciência e sociedade têm sido propostas desde a década de 1980, sendo conhecidas como CTS (Ciência, Tecnologia e Sociedade). Atualmente, existem discussões que colocam essa abordagem como Alfabetização Científica ou Letramento Científico, conforme Santos (2007). Não sendo o objetivo deste livro fazer uma explanação e discutir a distinção dessas nomenclaturas, é importante observar que essas perspectivas de aprendizagem científicas se norteiam na necessidade da compreensão do conteúdo científico articulado à função social da Ciência.

Sobre o ensino de Ciências e o movimento CTS (Ciência/Tecnologia/Sociedade), ressaltamos que, de um lado, muitas escolas formam indivíduos mais aptos a aceitar regras e valores do que a questionar e criar novas regras e valores; de outro, vemos uma sociedade que impulsiona o rápido desenvolvimento científico e tecnológico, demandando transformações de hábitos, de posturas éticas e de valores morais. Nas escolas, a Ciência é transmitida como una, sem dissensões, sem divergências, sem competições internas, sem disputas. Fora das escolas, as "verdades" plurais se contrapõem, há controvérsias, há valores que representam parcelas distintas da sociedade, como, por exemplo, as que se formam por interesses econômicos, sociais, raciais, políticos etc.

Dessa forma, é importante que ocorram iniciativas no sentido de alterar esse quadro, entendendo a produção científica e tecnológica como sujeita às forças que regem a sociedade, aos interesses econômicos, políticos, sociais e éticos.

Para alcançar tal propósito, mesmo no Ensino Fundamental, a disciplina de Ciências pode estabelecer vínculos com as aplicações científicas, com as questões éticas e culturais e com o dia a dia do estudante. Por exemplo, o ensino sobre alimentação pode ser associado às questões dos transgênicos, da fome, da obesidade; os tópicos sobre hereditariedade podem contemplar discussões sobre clonagem e teste de paternidade; os conteúdos relacionados a células e mecanismos reprodutivos podem incluir o debate sobre fertilização assistida e/ou células-tronco. Os vínculos dessa natureza, que exploram aplicações da Ciência, geram controvérsias.

Artigos e relatos de experiência apresentados em congressos da área de ensino de Ciências indicam que alguns professores têm incorporado questões científicas controversas em suas aulas. Podemos entender que tal preocupação dos professores tem, pelo menos, duas justificativas: de um lado, buscar motivação de seus alunos – assuntos que muitas vezes são áridos e complexos podem ganhar uma dose extra de estímulo para estudo, se ficar evidente que estão intimamente associados a problemas que afligem pessoalmente os estudantes ou a questões que interferem na vida da sociedade; em outras palavras, estabelecer tais relações pode conferir aos conteúdos escolares uma relevância que ajuda a enfrentar as dificuldades de estudo de temas que, pelo menos aos olhos dos estudantes, poderiam parecer descontextualizados e afastados dos problemas que eles identificam como aqueles que são importantes e requerem conhecimento.

De outro lado, o trabalho com questões controvertidas, quando realizado numa perspectiva dialógica, promove maior integração entre os alunos e destes com o professor, permitindo a mudança de uma postura mais individualista para uma que considera o coletivo, admitindo e valorizando a existência de opiniões e pontos de vista diferentes. Além disso, são formas de promover a reflexão e o posicionamento dos alunos, preparando-os para o exercício da cidadania (Silva, 2003).

A análise de aplicações da Ciência e seus desdobramentos tecnológicos e sociais serve também para diminuir a divisão entre a escola e o mundo em que os estudantes vivem, na medida em que estes podem constatar as relações entre a pesquisa científica e a produção industrial ou a tecnologia tradicionalmente usada em sua comunidade. No tocante às questões bioéticas, é conveniente que o professor tome a iniciativa de auxiliar os alunos a identificar questões para discussão. Faz parte da tarefa docente preparar os jovens para uma época em que os problemas da Medicina, da Biologia e da Ciência de forma geral exigem posicionamentos diante de situações novas e complexas (Krasilchik, 2004).

É importante ressaltar que não estamos propondo que se procure aprofundar as questões técnicas relacionadas a esses assuntos, o que não seria possível no ensino básico. Também não é possível tratar esses assuntos apenas com uma aula expositiva. Sem desconsiderar a necessidade de uma base de conhecimentos, são temas que requerem a participação dos alunos, integrando pontos de vista oriundos das diversas disciplinas escolares, envolvendo valores e outras dimensões que não só a dos conhecimentos conceituais. Para tanto, há necessidade de construção de atividades mais dialógicas e provocativas, que propiciem a discussão de diversos pontos de vista e a problematização dos conflitos que envolvem a questão.

Bioética

O termo *bioética* tem ganhado maior significado nas últimas décadas e desponta como uma nova face da ética científica – a ética sobre a vida (Silva, 2002). Pode ser explicado como o estudo que contempla as dimensões morais das ciências da vida e do cuidado da saúde, desenvolvido num contexto interdisciplinar. É fruto de um esforço de diferentes áreas do conhecimento como as ciências da natureza, da saúde, do direito e das humanidades, que busca a reavaliação de valores humanos à luz de um intenso e dinâmico desenvolvimento tecnológico.

Diante de questões bioéticas, a educação e particularmente o ensino de Ciências ganham papel fundamental na formação de cidadãos capazes de participar ativa e significativamente em processos democráticos de tomada de decisão. Promover debates sobre assuntos relaciona-

CAPÍTULO 5   Temas científicos controversos...

> dos à Ciência e com componentes relacionados à bioética é uma forma de garantir a reflexão em contextos em que há rápidas e profundas transformações. O controle social e ético sobre os novos saberes produzidos pelas biociências só pode ser realizado por uma sociedade detentora de informação e capaz de se posicionar conscientemente.

Os temas de interesse dos estudantes

A escolha dos temas para o desenvolvimento de atividades dessa natureza é uma questão importante e deve levar em conta aqueles que mais despertam o interesse dos alunos. Para isso, o professor pode fazer um levantamento dos diversos temas que envolvam as diferentes manifestações da Ciência na sociedade com os alunos, por exemplo, pedindo a eles que selecionem notícias diversas sobre o assunto. Ao considerar essa seleção de notícias, o professor pode ter uma base dos temas a ser escolhidos para fomentar atividades de análise envolvendo relações entre Ciência e sociedade, cidadania e valores implícitos e explícitos dos estudantes.

Em uma pesquisa realizada com jovens em sala de aula, temas que envolvem saúde/doenças foram preponderantes no interesse dos alunos, seguidos por genética e depois por meio ambiente (Silva, 2001).

Pesquisas de maior amplitude sobre a percepção pública de assuntos ligados à Ciência e Tecnologia têm sido realizadas no Brasil e em diversos lugares do mundo. De caráter nacional, a pesquisa do Ministério da Ciência e Tecnologia (Brasil, 2007), que entrevistou uma amostra de pessoas de todas as regiões do Brasil maiores de 16 anos, também indica como preponderante o interesse por temas relacionados à saúde e às questões ambientais (Figura 5.1). A figura seguinte apresenta um dos resultados obtidos nesse levantamento, indicando os níveis de interesse sobre diferentes temas apurados na pesquisa.

Ensino de Ciências

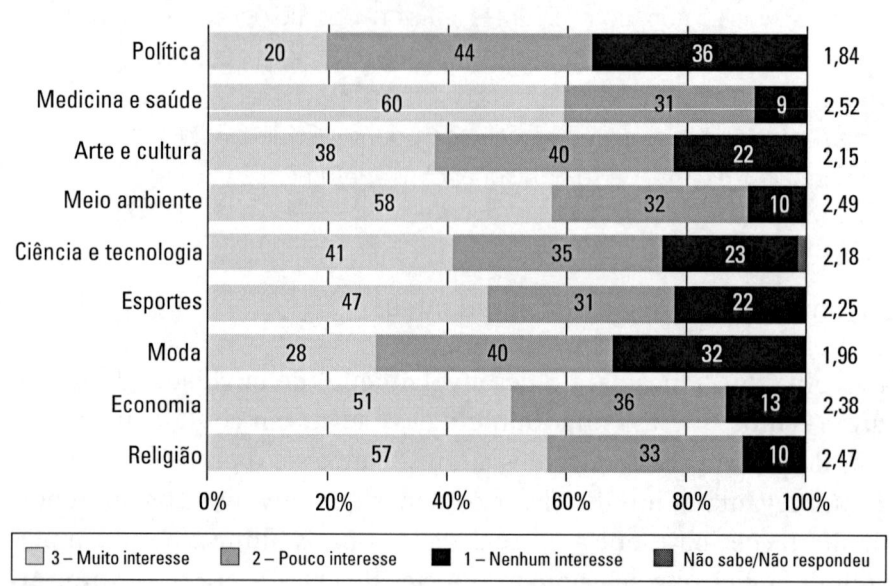

Figura 5.1 Temas de interesse da população brasileira

Tema	3 – Muito interesse	2 – Pouco interesse	1 – Nenhum interesse	Média
Política	20	44	36	1,84
Medicina e saúde	60	31	9	2,52
Arte e cultura	38	40	22	2,15
Meio ambiente	58	32	10	2,49
Ciência e tecnologia	41	35	23	2,18
Esportes	47	31	22	2,25
Moda	28	40	32	1,96
Economia	51	36	13	2,38
Religião	57	33	10	2,47

□ 3 – Muito interesse □ 2 – Pouco interesse ■ 1 – Nenhum interesse ■ Não sabe/Não respondeu

Fonte: www.mct.gov.br, 2007.

Sobre biotecnologias, especificamente clonagem e células-tronco, uma investigação realizada por Medeiros (2007) demonstrou que a principal fonte de informações dos jovens sobre esses assuntos é a televisão, seguida da escola. A pesquisa demonstrou, também, a existência de uma fronteira entre os adolescentes pesquisados que tinham concluído apenas o Ensino Fundamental e os que estavam cursando o Ensino Médio, no entendimento e no posicionamento sobre esses temas controversos, o que corrobora com a nossa percepção da importância do tratamento desses temas já no Ensino Fundamental II.

Tais temas demandam um tratamento diferenciado que leve em consideração a faixa etária e o interesse dos estudantes e ultrapasse os âmbitos exclusivos da sala de aula, permeando as dimensões sociais, econômicas, políticas e do imaginário, promovendo a reflexão sobre as questões éticas, sociais e culturais que envolvem a produção do conhecimento científico.

Um aliado interessante para trabalhar com esses temas são os textos de divulgação científica. Segundo Martins et al (2004), a análise de uma situação de ensino e aprendizagem com o tema *Clonagem*, em sala de aula de 6ª série do Ensino Fundamental, demonstrou que textos de divulgação podem funcionar como:

- Elementos motivadores ou estruturadores da aula.
- Organizadores de explicações.
- Desencadeadores de debate.
- Contextos para a aquisição de novas práticas de leitura, estabelecendo relações com o cotidiano dos alunos, ampliando seu universo discursivo.
- Destaques para aspectos da natureza da prática científica.

Há uma enorme possibilidade de utilização de textos de divulgação em sala de aula; seja qual for a opção para essa utilização, é importante que o professor dedique uma atenção para a mediação entre o conteúdo e o sentido do texto e o aluno. Nessa mediação, o professor participa da escolha do texto, faz os recortes necessários para o nível de aprendizagem dos alunos e o tempo da aula, organiza as atividades de leitura e de comparação com outros textos, como os do livro didático, e propõe outras atividades que auxiliem a compreensão, discussão e reflexão sobre o assunto.

Entendendo que a aprendizagem escolar não é uma recepção passiva de conhecimentos, e sim um processo ativo de reelaboração, cabe ao professor incentivar o aluno a pesquisar, buscar conhecimento, familiarizar-se com práticas do fazer dos cientistas, possibilitando o máximo de interações entre o aluno e os múltiplos conteúdos de aprendizagem. Essa é uma das formas de proporcionar oportunidades de discussão de assuntos que permeiam o cotidiano dos alunos.

Enfoque conceitual: biotecnologia

Atualmente, as temáticas sobre biotecnologia permeiam os mais diversos espaços, não excluindo a sala de aula.

Segundo a Convenção sobre Diversidade Biológica, *biotecnologia* é "qualquer aplicação tecnológica que use sistemas biológicos, organismos vivos ou derivados destes, para fazer ou modificar produtos ou processos para usos específicos". Embora inconscientemente, estamos rodeados por produtos e aplicações da biotecnologia. Alguns exemplos podem ser listados: na agricultura, mudas de plantas, plantas transgênicas, adubos e pesticidas; na alimentação, pães, queijos, cerveja e vinho; na indústria, enzimas, biossensores, biogás; na saúde, medicamentos, insulina, hormônio de crescimento e outros hormônios, antibióticos e vacinas. No que se refere ao meio ambiente, também temos aplicações como a purificação da água, tratamento do esgoto e do lixo[1].

Nos sistemas produtivos atuais, *biotecnologia* consiste na aplicação em grande escala, ou transferência para indústria, dos avanços científicos e tecnológicos, resultantes de pesquisas em Ciências Biológicas. O próprio desdobramento da terminologia implica a biotecnologia como sendo o uso de organismos vivos (ou suas células e moléculas) para produção racionalizada de substâncias, gerando produtos comercializáveis[2]. Embora a palavra *biotecnologia* tenha sido usada pela primeira vez em 1919 por um engenheiro agrícola da Hungria, as primeiras aplicações biotecnológicas pelo ser humano datam de 1800 a.C., com o uso de leveduras (organismo vivo) para fermentar vinhos e pães (produtos), como é possível observar no Quadro 5.1.

Quadro 5.1 Aspectos históricos da biotecnologia

DATA	EVENTO
1750 a.C.	Bebida fermentada (vinhos).
1797	Uso de vacina viral contra varíola.
1830	Descobrimento de proteínas.
1883	A primeira vacina antirrábica é desenvolvida.
1914	Bactéria é usada pela primeira vez para tratar esgoto em Manchester, Inglaterra.

(continua)

---

[1] http://www.cib.org.br
[2] www.biotecnologia.com.br

(continuação)

DATA	EVENTO
1928	Fleming descobre a penicilina, o primeiro antibiótico.
1969	Uma enzima é sintetizada *in vitro* pela primeira vez.
1982	Insulina humana produzida por engenharia genética em bactéria para tratamentos de diabete torna-se o primeiro produto da biotecnologia moderna a ser aprovado pelos órgãos competentes dos Estados Unidos.
1984	A primeira vacina é desenvolvida por engenharia genética.
1986	Os primeiros testes de campo de plantas transgênicas são conduzidos nos Estados Unidos.
1990	O primeiro tratamento de terapia gênica é realizado em uma criança de 4 anos que sofria de uma desordem no sistema imunológico, nos Estados Unidos.
1994	O tomate *Flavr Savr* da Calgene, geneticamente modificado para resistir ao apodrecimento, é aprovado para plantio e comercialização nos Estados Unidos.
1997	Cientistas escoceses relatam a clonagem de carneiros, usando DNA de um carneiro adulto (ovelha Dolly).
2000	Cientistas do Estado de São Paulo revelam o código genético completo da bactéria *Xylella fastidiosa*. Isso corresponde à primeira bactéria fitopatogênica a ter o seu genoma decifrado, o que auxilia na busca de mecanismos para resolução de problemas relacionados à praga do amarelinho na agricultura.
2000	Obtenção de arroz geneticamente modificado que produz betacaroteno, precursor de Vitamina A.
2001	Embrapa produz a primeira vaca clonada.
2001	Anunciou-se nos Estados Unidos o primeiro esboço contendo a sequência de 3 bilhões de pares de bases, cerca de 90% quase completos do código genético humano, que oferece possibilidades futuras de melhorar o diagnóstico, o tratamento e a prevenção de doenças.
2003	Estudo publicado de tratamento com células-tronco para cardiopatias

Fonte: adaptado do *site* www.biotecnologia.com.br. Acesso em: 14 mai. 2009.

Logicamente, estamos falando de uma história que não acabou, uma vez que o processo científico nunca se encerra. A história da humanidade está estreitamente vinculada à capacidade do homem de selecionar, cruzar e obter variedades de plantas que apresentem qualidades para melhorar a alimentação e a produção em geral, adaptadas a diferentes condições ecológicas e resistentes a pragas. Atualmente, um campo emergente é a metagenômica, que é o estudo simultâneo do DNA de uma comunidade inteira de micróbios, do ar, da água, do corpo humano, entre outros, que vai permitir o conhecimento de milhares de bactérias, criando aplicações práticas para a saúde humana e animal, meio ambiente, agricultura etc.

A Comissão Técnica Nacional de Biossegurança (CTNBio) é o fórum responsável pela avaliação de todos os aspectos referentes aos riscos dos organismos geneticamente modificados, antes de recomendar a sua liberação para plantio e consumo. É também o órgão encarregado de avaliar e autorizar as pesquisas que envolvem clonagem, células-tronco, e outras que envolvam biotecnologia. A CTNBio acompanha "o desenvolvimento e o progresso técnico e científico nas áreas de biossegurança, biotecnologia, bioética e afins, com o objetivo de aumentar sua capacitação para a proteção da saúde humana, dos animais e das plantas e do meio ambiente" (Lei n. 11.105/2005 – art. 10, parágrafo único).

Atividades

1. Biotecnologias na rede

Com o conhecimento do código genético e o consequente progresso das técnicas de manipulação de material hereditário, hoje também é possível incorporar ao material genético de uma planta um gene ou grupo de genes que determinem características que se quer introduzir no vegetal, criando os Organismos Geneticamente Modificados ou transgênicos³. A tecnologia referente aos organismos geneticamente modificados, embora tenha ganhado destaque na mídia recentemente com a questão do plantio de sementes geneticamente modificadas de soja, já tem servido de base para a produção de insulina, da vacina contra hepatite tipo B, de hormônios de crescimento que estimulam o desenvolvimento infantil e até de 80% do queijo disponível no mercado nacional, uma vez que a quimosina, componente do coalho, é obtida por modificação da bactéria *Escherichia coli*⁴.

A utilização de produtos que envolvam biotecnologia desperta diversas opiniões controversas no meio científico e na sociedade em geral, principalmente na figura das organizações não governamentais. Esses debates estão presentes na mídia e em diferentes espaços e podem ser apropriados por propostas de atividades que possibilitem a análise dessas opiniões, o conhecimento das pessoas e órgãos que opinam, bem como seus principais argumentos.

OBJETIVOS

A atividade aqui proposta é uma forma de buscar elementos que fomentem o debate sobre questões controversas ligadas à produção e comercialização de alimentos transgênicos. Seus objetivos específicos são:

- Utilizar mecanismos de busca de informação na Internet, identificando fonte e consistência dos argumentos.
- Identificar as instituições que produzem conhecimento sobre o tema, bem como aquelas que participam do debate.
- Conhecer os argumentos contra ou a favor da produção e comercialização de produtos transgênicos.

---

[3] Dica: você pode ver apresentações sobre como são produzidos no *site* http://www.cib.org.br.

[4] Elíbio Rech, *Revista Fapesp*, n. 93.

MATERIAL

Computador com acesso à Internet, textos científicos e de divulgação científica sobre o assunto, planilha impressa.

DESENVOLVIMENTO

As técnicas para produção de transgênicos provocam, em âmbito nacional e internacional, discussões, controvérsias e medidas legais regulamentando o uso desses organismos. Algumas ONGs, como o *Greenpeace* e o Idec (Instituto de Defesa do Consumidor), argumentam contra o uso, destacando a insuficiência de resultados de pesquisas sobre os efeitos que esses produtos possam vir a provocar no organismo e no ambiente. Essas ONGs defendem a rotulagem dos transgênicos para garantir ao consumidor o direito de decidir se quer ou não consumi-los. No outro lado, alguns pesquisadores destacam que os transgênicos podem propiciar a melhoria da qualidade de vida por fornecer alimentos com maior valor nutritivo e evitar o uso de agrotóxicos. Destacamos, a seguir, algumas dessas posições:

> O Greenpeace faz campanha contra a liberação de transgênicos ou organismos geneticamente modificados (OGMs) no meio ambiente e se opõe ao seu uso na alimentação humana e animal. Para a organização, os resultados da utilização de transgênicos são imprevisíveis, incontroláveis e desnecessários. *Site* www.greenpeace.org.br, acesso em 20 jul. 2009.

> Os OGMs são, sem dúvida, um componente importante no custo de produção, além de ter como meta a redução do impacto de defensivos e resultar em plantas mais resistentes à seca e com menor grau de proteínas alergênicas, entre outros benefícios. Elíbio Rech, Coordenador de projetos da Embrapa, *Revista Pesquisa Fapesp*, n. 93, novembro de 2003.

Com base nesses dois argumentos iniciais, os alunos farão pesquisas na Internet na busca de instituições e pessoas que argumentam contra ou a favor dessa forma de biotecnologia. Em *sites* de busca de imagens, também poderão ser procuradas imagens favoráveis ou contrárias.

O professor, se quiser, pode direcionar a atividade escolhendo previamente *sites* com opiniões divergentes sobre o assunto e distribuindo um para cada grupo realizar a pesquisa, podendo, inclusive, utilizar as sugestões do final do capítulo. A análise de cada grupo deverá ser sobre um único *site*, buscando explorar todo o seu conteúdo a partir da planilha apresentada a seguir:

PLANILHA PARA ANÁLISE DE PÁGINAS DA WEB DE CONTEÚDO CIENTÍFICO[5]

Endereço do *site*:_____

Data da consulta:_____

Entidade responsável:_____

DIMENSÃO DE PROCEDÊNCIA	SIM	NÃO
Aparece o histórico da entidade responsável pela página?		
A página contém um link que descreve os objetivos da instituição?		
Aparecem outras fontes de informação?		
É indicado se o conteúdo foi atualizado com regularidade?		
Aparece indicação do autor da informação?		
Aparece uma caracterização ou qualificação desse autor?		

---

[5] Adaptada de Nora e Angel. Critérios y procedimientos de análisis em el estúdio del discurso em páginas web: el caso de los resíduos sólidos urbanos. In: *Enseñanza de las Ciencias*, 2006; 24 (1), p. 71-84.

DIMENSÃO DE CONTEÚDO E IMAGEM	SIM	NÃO
Apresenta um mapa de navegação (índice, principais seções)?		
Apresenta o conteúdo de forma clara?		
Aparecem argumentos sustentados por pesquisas?		
A página tem somente texto?		
A página tem texto e imagem?		
A imagem tem relação com o texto?		
Outros comentários a respeito da procedência do texto e das imagens do *site* que o grupo considera importantes:		
O *site* apresenta posições favoráveis ou contrárias aos produtos transgênicos? De que forma?		

Com base nas análises efetuadas da procedência e conteúdos dos *sites*, serão analisados os argumentos contra e a favor do uso de uma tecnologia que envolve material biológico (biotecnologia), a partir da apresentação de cada grupo sobre o que foi pesquisado e da produção de textos e imagens sobre o assunto.

Embora sem se preocupar neste momento com a explicação detalhada do que vem a ser transgenia, os educandos serão capazes de identificar a atuação de diversas instituições no debate desses temas, como, por exemplo, o papel das organizações não governamentais, dos institutos de pesquisa, das universidades, entre outros. A atividade proporciona, também, elementos para o reconhecimento de *sites* confiáveis ou não da Internet, ferramenta importante de busca de informação dessa geração.

2. Vivenciando papéis de diferentes atores sociais

Um tema que recentemente ocupou bastante espaço na mídia foi a temática do uso de células-tronco, a partir de embriões congelados em clínicas

CAPÍTULO 5 Temas científicos controversos...

de fertilização assistida, para fins científicos e terapêuticos. Esse uso já estava previsto na Lei de Biossegurança, que autorizava o uso de células-tronco retiradas de embriões descartados até 2005 por clínicas de fertilização *in vitro*, depois de permanecerem congelados por três anos ou após serem considerados inviáveis para implantação no útero. Em qualquer dos casos é essencial o consentimento dos genitores. Para explicar o conceito de células-tronco e de células-tronco embrionárias, extraímos um trecho de uma revista de divulgação, reproduzido a seguir.

Células-curinga

Pela primeira vez na história, os ministros da mais alta instância do Poder Judiciário de nosso país ouvirão em audiência pública um grupo de especialistas em um tema antes de deliberar sobre um assunto. Eles ouvirão as opiniões de 26 geneticistas, biólogos celulares, pesquisadores da ética na Ciência e juristas sobre uma questão delicada: em que momento específico se inicia a vida de um ser humano? O objetivo do STF é deliberar sobre a utilização de células-tronco para fins científicos e terapêuticos. O que vai se decidir após essa consulta é o uso de células-tronco para pesquisas e terapêutica, conforme previsto na Lei de Biossegurança, aprovada pelo Congresso Nacional em 2005, após uma mobilização de vários setores da sociedade. Essas células-tronco são retiradas – com consentimento dos pais – de embriões descartados até 2005 por clínicas de fertilização *in vitro*, depois de permanecerem congelados por três anos ou após serem consideradas inviáveis para implantação no útero.
(...)

Células-tronco são como curingas celulares, pois são capazes, com o estímulo correto, de se diferenciar em uma célula epitelial ou muscular, por exemplo. Diversas pesquisas têm mostrado que as células-tronco podem representar uma esperança para recompor tecidos danificados e, assim, teoricamente, tratar várias doenças, como alguns tipos de câncer, o mal de Parkinson e o de Alzheimer, doenças degenerativas, cardíacas ou lesões na coluna. Em comparação com as células-tronco adultas obtidas, por exemplo, a partir de dentes de leite, de cordões umbilicais ou de outros tecidos, as células-tronco embrionárias têm uma maior potencialidade para se diferenciar em tecidos especializados. Elas são obtidas durante a fase da blástula de embrião, até o oitavo dia após a fecundação. (A Lei de Biossegurança permite que sejam utilizados embriões com, no máximo, cinco dias de idade, ainda distantes, portanto, do período em que se inicia o processo de especialização celular.)

Adaptado de Carvalho Borges, J. Células salvadoras ou pequenos brasileiros? *Ciência Hoje on-line*, de 20 abr. 2007. Disponível em: <http://cienciahoje.uol.com.br/69472>. Acesso em: 15 out. 2008.

OBJETIVOS

- Conceituar células-tronco e células-tronco embrionárias.
- Identificar os atores sociais que participam do debate sobre o uso de células-tronco.
- Analisar argumentos a favor e contra o uso de células-tronco embrionárias.
- Discutir aspectos éticos relacionados à pesquisa científica.

DESENVOLVIMENTO

Nesta atividade é proposto um *role-play*, que é um tipo de dramatização em que os alunos fazem uma simulação de uma situação de conflito, para a qual devem discutir juízos de valor. Os alunos são incumbidos de diversos papéis, devendo procurar argumentos para defender a posição do personagem, mesmo que seja diferente da sua própria. É uma modalidade didática bastante apropriada para discussão de temas polêmicos como, por exemplo, instalação de uma fábrica, transgênicos, entre outros.

1º **momento:** O entendimento do conceito

Para entender corretamente o significado de células-tronco, já devem ter sido explorados os conceitos básicos de célula e de desenvolvimento embrionário. A partir desses conceitos, podem ser usados textos de divulgação científica, a exemplo do texto indicado acima, bem como outras

CAPÍTULO 5   Temas científicos controversos...

fontes de informação a ser pesquisadas pelos alunos, para ajudá-los a entender os conceitos fundamentais relacionados ao assunto.

2º momento: Leitura de diferentes opiniões que circulam a respeito da questão

Após essas discussões teóricas, é interessante que os alunos reconheçam opiniões divergentes a respeito do tema; uma possibilidade é recomendar que repitam procedimentos semelhantes aos indicados na Atividade 1. A título de exemplificação, reproduzimos a seguir duas opiniões divergentes a respeito do uso de células-tronco embrionárias para pesquisa científica.

Texto 1
Trecho da Entrevista de Mayana Zatz à Revista *Veja*, Ed. 2050, de 5 de março de 2008

Veja – *As pesquisas com células-tronco embrionárias encontram-se proibidas no Brasil sob o argumento de que vão contra dois princípios constitucionais: o de que a vida é inviolável e o que garante a dignidade da pessoa. Como a senhora avalia essa proibição?*

Mayana – Essa proibição é absurda. Inviolável é a vida de inúmeros pacientes que morrem prematuramente ou estão confinados a uma cadeira de rodas e poderiam se beneficiar dessas pesquisas. É preciso entender que os cientistas brasileiros só querem fazer pesquisa com os embriões congelados que permanecem nas clínicas de fertilização, e sempre com o consentimento do casal que os gerou. Se o casal, por algum motivo religioso ou ético, for contra doar seus embriões, não precisará fazê-lo. Deve-se lembrar que o destino dos embriões que não forem utilizados para pesquisa é ficar congelados até ser descartados. Estamos falando de embriões que nunca estiveram num útero, nem nunca estarão. Não existe nenhuma possibilidade de vida para eles.

Veja – *Afinal, quando começa a vida? Do ponto de vista da ciência, o embrião é um ser humano?*

Mayana – Não existe um consenso sobre quando começa a vida. Cada pessoa, cada religião tem um entendimento diferente. Mas existe, sim, um consenso de que a vida termina quando cessa a atividade do sistema nervoso. Quando o cérebro para, a pessoa é declarada morta. Pelo mesmo raciocínio, se não existe vida sem um cérebro funcionando, um embrião de até catorze dias, sem nenhum indício de células nervosas, não pode ser considerado um ser vivo. Pelo menos não da forma que entendemos a vida. Por isso, todos os países que permitem pesquisas com embriões determinam que eles devem ter no máximo catorze dias de desenvolvimento. Os embriões congelados que se quer usar no Brasil têm ainda menos tempo, entre três e cinco dias.
(...) Há gente confundindo pesquisa com células-tronco embrionárias com aborto.

Veja – Como se manifesta essa confusão?

Mayana – Recebo *e-mails* surpreendentes de pessoas que perguntam: "Como a senhora tem coragem de interromper uma vida?". Respondo: "Você sabe que esses embriões nunca foram implantados num útero? Você sabe que eles são resultantes de fertilização *in vitro*?". O remetente, a seguir, pergunta: "Doutora, mas o que é fertilização *in vitro*?". Já tive vários exemplos desse tipo de desinformação. Recentemente, um padre me mandou um *e-mail* observando que a grande maioria dos religiosos não teve a oportunidade de aprender ciências e biologia da mesma forma que a população em geral. Quando se aprovou a Lei de Biossegurança, em 2005, permitindo a pesquisa com células-tronco embrionárias, demos aulas para os senadores e deputados. Muitos deles, que primeiro haviam votado contra as pesquisas, porque não entendiam do assunto, votaram depois a favor. Aí se vê a diferença que faz a informação. É bom lembrar que a Lei de Biossegurança foi aprovada com ampla maioria, depois de uma grande discussão no Congresso. Não foi na calada da noite. Ela obteve o aval de 96% dos senadores e 85% dos deputados.

Texto 2
São Paulo
Pe. Vando Valentini
(Coordenador do Núcleo Fé e Cultura da PUC/SP)

http://www.ghente.org/ Trecho da entrevista constante no *site* do Projeto Ghente, que é um espaço de informação e de debate social, que reúne pensadores das

Ciências biológicas, sociais e humanas para discutir as implicações das modernas biotecnologias na área da saúde.

Seja como for, por que a Igreja é contrária à utilização de células embrionárias? Porque o embrião é um ser humano em sentido pleno. Não se pode usar a vida de um homem para tratar a vida de um outro. Qualquer ser humano, rico ou pobre, jovem ou velho, de qualquer raça, tem um valor absoluto.

O problema, então, é reconhecer que o embrião já é um ser humano. Quem define quando é que a vida começa? Pela própria ciência se pode chegar a uma conclusão clara: quando o espermatozoide se une ao óvulo, nasce o embrião em sua primeira fase. O embrião, nesse momento, já está completo. Contém em si todas as informações necessárias ao novo ser humano. O que falta é apenas o tempo e a alimentação da vida para que chegue a seu pleno desenvolvimento.

Mais uma vez, quero frisar que não estou usando argumentos "religiosos" ou de fé para chegar a essa conclusão: é só olhar para o estágio de desenvolvimento da própria pesquisa científica. Poderíamos nos perguntar por que muitos cientistas reconhecem esse fato, ao passo que outros tantos não o reconhecem.

Esses trechos podem ser reproduzidos aos alunos pedindo que aprofundem a discussão nos seguintes eixos: conceito de vida, função social da Ciência, informação e opinião. A partir da discussão, haverá o desdobramento no *role play* (jogo de papéis).

3º momento: A simulação e o debate

Estamos propondo a seguir alguns personagens, mas o professor e os alunos podem sugerir outros com base nas leituras realizadas. Os alunos deverão procurar outras fontes de informação, para poder argumentar de acordo com a opinião de seus personagens.

Espera-se que haja discussão em que os alunos argumentem de acordo com seu personagem, mesmo que não concordem com o papel desse personagem na comunidade.

- Pesquisador e/ou pesquisadora.
- Pai e/ou mãe que possuem embriões congelados em clínicas de fertilização assistida.
- Mãe de uma criança com doença degenerativa (passível de tratamento com células-tronco embrionárias).
- Adulto com mobilidade reduzida em virtude de um acidente que causou lesão na coluna.
- Padre de igreja católica.
- Pastor de igreja evangélica.
- Deputado que votará pela aprovação ou não de projeto sobre uso de células-tronco embrionárias.
- Representante de uma ONG.

É importante ressaltar que o debate faz parte das sociedades democráticas, que aceitam o diálogo. Todo processo dialógico envolve confronto de argumentos. O exercício de escolha de argumentos para defender ou refutar determinado assunto faz parte de um processo de formação da cidadania, assim como respeitar posições divergentes da sua e/ou posições intermediárias.

Não se espera que ao final da atividade seja definida uma posição correta ou consensual sobre o assunto. A proposta é que se desenvolvam o diálogo, o respeito, o reconhecimento de diferentes pontos de vista, das razões e argumentos de cada um deles e da natureza polêmica de algumas questões que envolvem a aplicação do conhecimento científico.

É importante também o incentivo à construção de argumentos pautados no conhecimento científico trabalhado em aula, além das outras esferas envolvidas na discussão. Atividades desse tipo analisadas em pesquisas da área têm demonstrado que muitas vezes os alunos apresentaram argumentos embasados no campo da moral, da ética, da economia e também na esfera legal; entretanto, são escassas as evidências da apropriação dos conceitos científicos trabalhados em aula na discussão dos problemas.

Agora é com você

Trabalhando com notícias de jornais, revistas e/ou textos de divulgação, o professor deve selecionar notícias referentes a temas polêmicos ou solicitar que os alunos o façam. Após a exposição das notícias encontradas, a classe deverá escolher aquela que despertou maior interesse para ser reproduzida e discutida por toda a classe. A modalidade da discussão pode ser por meio de perguntas dirigidas, dramatização, entre outras. Use a criatividade e a de seus alunos para discutir temas importantes sobre a relação entre ciência e sociedade.

Referências bibliográficas

BRASIL. Ministério da Ciência e Tecnologia. *Percepção pública da ciência e tecnologia*. Brasília: MCT, 2007. Disponível em: <www.mct.gov.br>. Acesso em: 28 jan. 2007.

KRASILCHIK, M. *Prática de ensino de Biologia*. 4. ed. São Paulo: Edusp, 2004.

_____. e MARANDINO, M. *Ensino de ciências e cidadania*. São Paulo: Moderna, 2004.

MARTINS, I.; NASCIMENTO T.; ABREU, T. Clonagem em sala de aula: um exemplo do uso didático de um texto de divulgação científica. *Investigações em ensino de Ciências*, v. 9(1), 2004, p. 95-111.

MEDEIROS, F. N. S. A influência da escolaridade sobre as percepções de clonagem e células-tronco. *Revista da Associação Brasileira de Ensino de Biologia*. Número especial. Novembro de 2007.

A BATALHA dos transgênicos. *Revista Fapesp*, n. 93. São Paulo: Fapesp, novembro de 2003.

SANTOS, W. L. P. Educação científica na perspectiva do letramento como prática social: funções, princípios e desafios. *Revista Brasileira de Educação*, set./dez. 2007, v. 12, n. 36.

SILVA, P. F. *Percepções dos alunos de ensino médio sobre questões bioéticas*. São Paulo, 2001. Dissertação de Mestrado. Faculdade de Educação da Universidade de São Paulo.

_____. *Bioética: atitudes e valores do século XXI*. Ética e cidadania. São Paulo: Mackenzie, 2002.

_____. Percepções dos alunos de ensino médio sobre questões bioéticas. *Atas do IV Enpec – Encontro Nacional de Pesquisa em Educação de Ciências (CD-Rom)*. São Paulo: Unesp de Bauru, 25 a 29 de novembro de 2003.

TRIVELATO, S. L. F. Ensino de Ciências e o movimento CTS (Ciência/Tecnologia/Sociedade). *Coletânea da 3ª Escola de Verão para Professores de Prática de Ensino de Física, Química e Biologia*. São Paulo: Feusp, 1995.

Sugestões de *sites*

- http://www.cib.org.br/, *site* do Conselho de Informações sobre Biotecnologia. Traz materiais didáticos, artigos, estatísticas e diversas informações importantes para o trabalho com diversos temas que envolvem a área.
- www.biotecnologia.com.br, apresenta uma série de artigos interessantes sobre histórico e as principais inovações da área e também uma apresentação em *Powerpoint*, que explora seus principais conceitos.
- www.mma.gov.br traz informações sobre alguns dos temas controversos que envolvem a questão ambiental.
- www.cienciahoje.uol.com.br, oferece textos de divulgação científica que podem ser usados em sala de aula sob a mediação do professor.
- http://www.ghente.org/, site que apresenta conceitos e painéis com diversas opiniões sobre temas envolvendo a pesquisa científica como Clonagem, Células-tronco, Reprodução Assistida, Farmacogenética, Patentes Biotecnológicas, Bioética, Ética em pesquisa, Nanobiotecnologia e Genoma Humano.

CAPÍTULO 6
Atividades lúdicas e ensino de Ciências – A biodiversidade como exemplo

A aprendizagem em Ciências pode ter elementos lúdicos? Conteúdos científicos relacionados ao conhecimento dos seres vivos podem ser trabalhados sob o enfoque da biodiversidade? De que forma esse tema pode ser trabalhado no Ensino Fundamental?

As discussões propostas neste capítulo tentam apresentar considerações sobre a inclusão de jogos e brincadeiras como atividades de aprendizagem de Ciências. Além disso, apresenta dados sobre a biodiversidade brasileira e as interações desse tema com ensino de Ciências, propondo estratégias lúdicas, como jogos, músicas, quadrinhos, entre outros.

Introdução

Quem convive com crianças na idade pré-escolar já deve ter vivenciado experiências de como crianças nessa faixa etária se interessam por temas que envolvem seres vivos, sentem satisfação em observar animais e plantas, fazer explorações e descobertas, levantar hipóteses e tentar explicar o mundo à sua volta. Contam histórias sobre os animais que encontram no jardim, transformam-nos em personagens, desenham o que observam e o que projetam sobre os seres vivos e seu ambiente. Falando, desenhando e representando, as crianças vão construindo significados sobre a natureza. Na educação infantil, os conteúdos de aprendizagem estão fortemente impregnados de ludismo e assim se constituem como foco da atenção e interesse dos pequenos.

Conforme avança a escolaridade, menos frequentes se tornam as atividades reconhecidas como lúdicas. Toma-se por suposto que crianças maiores e jovens não teriam a mesma disposição de se envolver em atividades como jogos e brincadeiras. De outro lado, é comum que se atribua a atividades dessa natureza um *status* inferior a outras com maior grau de formalidade, especialmente quando se espera alcançar aprendizagem de conteúdos relacionados às Ciências Naturais. Entretanto, o desenvolvimento de atividades lúdicas no espaço da educação formal encontra apoio nos trabalhos de muitos autores[1].

Fora das salas de aula, é fácil reconhecer o quanto jogos e outras atividades lúdicas motivam e interessam adolescentes e jovens: *videogames*, RPGs, simuladores, jogos de cartas e de tabuleiro, disputas esportivas etc. são exemplos de atividades desenvolvidas com prazer e empolgação. Esse envolvimento interessado que os jogos recebem de pessoas de todas as idades é uma das razões que nos fazem olhar para atividades desse tipo, buscando o desenvolvimento de propósitos educacionais.

O lúdico na aprendizagem de Ciências

Assim como em qualquer aprendizagem, o ato de aprender Ciências exige motivação. Uma das características das atividades lúdicas é a voluntariedade; a participação deve ser uma decisão voluntária, que prescinde de qualquer outra recompensa além da própria participação. Jogos e brincadeiras costumam ter essa característica; a própria dinâmica do jogo é, em si mesma, convidativa. Quando não há a decisão voluntária de participar, qualquer atividade perde seu caráter lúdico, pois ninguém considera prazerosa uma atividade realizada à custa de algum tipo de coerção.

---

[1] Domingues, 2006; Silva *et al.*, 2007.

Além desse aspecto, autores que estudam as atividades lúdicas[2] indicam outros pontos em comum às atividades com jogos: o prazer (ou desprazer); o "não sério"; a existência de regras (implícitas ou explícitas); a relevância do processo de brincar (o caráter improdutivo); a incerteza de seus resultados; a não literalidade ou representação da realidade; a imaginação e a contextualização no tempo e no espaço.

Participar de um jogo ou de uma brincadeira pressupõe a adesão a um conjunto de regras que estabelecem as relações entre os jogadores e as situações a ser exploradas; da mesma forma pressupõe que a submissão às regras e à dinâmica da atividade se dá num tempo e num lugar definido, ou seja, fora desses limites, a brincadeira "não vale".

A dimensão educativa surge quando as situações lúdicas são intencionalmente criadas visando a estimular certos tipos de aprendizagem[3].

No campo da didática das Ciências, é especialmente valorizada a aprendizagem de conteúdos conceituais, entendida como um processo de atribuição de significados (autores) a novos objetos de conhecimento. As atividades lúdicas podem promover situações em que os atores sociais estabelecem um relacionamento de simbolização/interpretação ou representação de um objeto de conhecimento, e essas representações tomam o lugar do objeto conferindo-lhe significações (Silva *et al.*, 2007).

Outros aspectos ainda podem ser destacados na consideração do emprego pedagógico das atividades lúdicas, especialmente dos jogos didáticos. O envolvimento com o desafio proposto pelo jogo, a socialização decorrente das interações promovidas pela situação simulada, o desenvolvimento da sensibilidade, da estima e da cooperação, assim como o desenvolvimento da personalidade e a busca por soluções criativas são aspectos considerados relevantes para o emprego pedagógico dos jogos (Miranda, 2001).

O jogo também pressupõe o emprego de diversas linguagens e a possibilidade de ser utilizado articulando diferentes conceitos e áreas. Dessa forma, propomos ao professor o enriquecimento de sua prática por meio de atividades lúdicas que busquem envolver o aluno como gestor de sua aprendizagem.

---

[2] Kishimoto (1994) faz um panorama de diversas pesquisas sobre atividades lúdicas.
[3] Kishimoto, 1999, *apud* Silva *et al.*, 2007.

Enfoque conceitual: biodiversidade

O termo *biodiversidade* é muito utilizado em livros de Ciências e Biologia e em campanhas de conservação ambiental. O estudo da diversidade biológica não é recente. O primeiro registro que conhecemos sobre classificação e modo de vida dos seres vivos foi produzido por Aristóteles em *História dos animais*. Classificar os seres vivos passou a ser uma atividade mais comum na Ciência a partir do século XVII. Já a utilização do microscópio ampliou o número de seres vivos conhecidos.

A palavra *biodiversidade* (BioDiversity) surgiu durante o *National Forum on BioDiversity*, realizado em 1986, em Washington, mas tornou-se popular durante a Conferência Mundial sobre Meio Ambiente – ECO 92 (Motokane, 2005). Nessa conferência também foi assinada a Convenção sobre Diversidade Biológica, conhecida também como Convenção da Biodiversidade.

A biodiversidade que temos atualmente no planeta é resultado de milhões de anos de história evolutiva. O conceito pode ser dividido em três categorias:

a) Diversidade genética: variação dos genes dentro das espécies ou de uma população;
b) Diversidade de espécies: variedade de espécies em uma determinada região;
c) Diversidade de ecossistemas: diferentes ecossistemas que compõem um bioma.

A Convenção da Diversidade Biológica (São Paulo, 1997) define diversidade biológica como "a variabilidade de organismos vivos de todas as origens e os complexos ecológicos de que fazem parte compreendendo ainda a diversidade dentro de espécies, entre espécies e de ecossistemas". Ampliando esse conceito e integrando o ser humano, o documento também conceitua como

> a variedade de seres vivos da Terra, fruto de bilhões de anos de evolução, moldada pelos processos de seleção natural e, de uma forma cada vez mais acentuada, pelas atividades humanas. Essa variedade de seres vivos forma uma teia viva integrada pelos seres humanos e da qual estes dependem.

A Ecologia como ciência busca conhecer os fatores que regulam a diversidade – identificar os processos responsáveis pelo acréscimo e remoção de espécies da comunidade e descobrir por que o equilíbrio entre esses dois processos difere de lugar para lugar (Ricklefs, 2003).

Cabe ressaltar, conforme o exposto no Primeiro Relatório Nacional para a Convenção da Diversidade Biológica (Brasil, 1998), a natureza diferenciada das responsabilidades e dos interesses entre nações conservadoras e provedoras de diversidade biológica – como o Brasil e outros países tropicais – e as nações consumidoras da diversidade biológica (países industrializados, consumidores de produtos da diversidade biológica e de recursos genéticos para o desenvolvimento biotecnológico). "Estas últimas manifestam preocupação com as taxas de erosão/extinção da diversidade biológica e propõem caminhos guiados por seus interesses específicos. Já as nações provedoras da diversidade biológica, além da conservação, preocupam-se legitimamente em obter maior retorno econômico da utilização de seu patrimônio biológico, para melhorar a qualidade de vida de sua população e para custear a conservação da diversidade biológica" (Brasil, 1998, p. 11-2).

Agenda 21 e a Convenção da Diversidade Biológica

Durante a Conferência das Nações Unidas para o Meio Ambiente e Desenvolvimento, mais conhecida como Rio 92 ou Eco 92, foram assinados dois documentos importantes quando se trata de Biodiversidade. O primeiro e mais conhecido é a *Agenda 21*. No Capítulo 15 desse documento é destacado que, para proteger a biodiversidade, os governos necessitam:

- Criar uma fonte de informação mundial sobre a biodiversidade.
- Fazer com que a proteção da biodiversidade faça parte de todos os planos governamentais sobre meio ambiente e desenvolvimento.
- Garantir que os países pobres compartilhem também da exploração comercial de seus produtos e de suas experiências.

> Já a Convenção da Diversidade Biológica definiu diretrizes importantes relacionadas ao tema, tais como conservação, gerenciamento, monitoramento, repartições, financiamento e acesso. Também tratou de aspectos educativos e de conscientização pública. Na Rio 92 foi assinada por 156 países e foi aprovada pelo Congresso Nacional em 1994. Seus principais objetivos são:
>
> - Conservação da biodiversidade.
> - Uso sustentável de seus componentes.
> - Divisão equitativa e justa dos benefícios gerados com a utilização dos recursos genéticos.

O que possibilita a sobrevivência ou não de um conjunto de populações são as diferentes formas de interação entre os seres vivos. É esse conjunto de interações que vai possibilitar a preservação ou extinção de determinada espécie ou, ainda, que essa bagagem genética seja transmitida ou não.

Segundo Helene e Marcondes (1996), a perda da biodiversidade atinge o planeta como um todo, afetando-o em todos os níveis de riqueza biológica:

- É uma perda da diversidade de espécies, como resultado da extinção acelerada.
- Em nível mais macroscópico, é também um empobrecimento da diversidade dos ecossistemas com perda de hábitats únicos.
- Em nível microscópico, é uma redução da diversidade genética, que é o conteúdo informativo codificado dos genes da população total de uma espécie.

As principais interferências humanas que contribuem para a perda da biodiversidade são o crescimento populacional e, consequentemente, do consumo; a intensa comercialização de produtos agrícolas, florestais e pesqueiros, sem o devido manejo ambiental; e as políticas econômicas que não valorizam a biodiversidade.

Estima-se que haja no território brasileiro cerca de 20% do número total de espécies do planeta. Da fauna já foram descritas 524 espécies de mamíferos (131 endêmicas[4]), 517 de anfíbios (294 endêmicas), 1.622 de aves (191 endêmicas) e 468 de répteis (172 endêmicas), além de 3 mil espécies de peixes de água doce e de 10 a 15 milhões de espécies de insetos. Os números da biodiversidade vegetal também são impressionantes: por exemplo, se tomarmos as plantas com flor, temos mais de 50 mil espécies, sendo 17.500 endêmicas (Brasil, 2001). Esses números de espécies raramente são alcançados em outros países. Por isso o Brasil é considerado um país de megadiversidade, juntamente com Colômbia, Venezuela, Peru, México, Indonésia, Austrália, Madagascar, Filipinas, entre outros.

Observe o quadro a seguir referente às espécies existentes no Brasil.

Quadro 6.1 Riqueza de espécies e de endemismo da biodiversidade brasileira em relação a outros países

NÚMERO DE ESPÉCIES	PEIXES DE ÁGUA DOCE	VERTEBRADOS (EXCETO PEIXES)	AVES	MAMÍFEROS	RÉPTEIS	ANFÍBIOS	PLANTAS COM FLOR	TOTAL
Total	3.000	3.121	1.622	524	468	517	50.000	
Ranking	1º	2º	3º	1º	5º	2º	1º	1º
Endêmicas	n.d.	788	191	131	172	294	17.500	
Ranking	4º	3º	4º	5º	2º	1º	2º	

Fonte: Brasil, 2001.

Há um desequilíbrio de forças de poder entre países detentores da biotecnologia e aqueles detentores da biodiversidade, que parece ficar cada vez maior. Por um lado, a atividade de pesquisa que visa

---

[4] Espécies endêmicas: espécies que têm ocorrência restrita em um determinado local do planeta, ou seja, não existem em nenhum outro local.

encontrar nos recursos biológicos matéria-prima para a biotecnologia demanda tempo e dinheiro. Por outro lado, quando se descobre algo promissor e se chega a desenvolver um processo ou produto comercializável ou industrialmente aproveitável, o retorno financeiro também não é pequeno. A questão polêmica que está por trás dessas considerações é: quem é o dono dos recursos genéticos?

A Convenção sobre Diversidade Biológica adotou como princípio a soberania dos países sobre seus recursos biológicos e genéticos. Assim, hoje, considera-se que cada país é "dono" de sua biodiversidade, e quem quiser explorá-la deve pedir autorização. Esse fato deu origem a mais um novo termo: a biopirataria, que é a apropriação desses recursos sem autorização, sem consentimento do país de origem da biodiversidade, ou seja, um determinado recurso genético é patenteado por países detentores de biotecnologia para a indústria farmacêutica, química, agrícola, sem que o país provedor do recurso receba nenhum retorno.

Unidades de Conservação

Para tentar contrabalançar a destruição da biodiversidade, a maioria dos países adotou algumas soluções de emergência, como a definição de regiões de grande biodiversidade, que foram transformadas em parques e reservas.

As *Unidades de Conservação* são áreas territorialmente definidas, criadas e regulamentadas legalmente (por meio de leis e decretos) e que têm como um dos seus objetivos a conservação *in situ* da biodiversidade, ou seja, manter ecossistemas e *hábitats* com populações viáveis e espécies em seus meios naturais de ocorrência. O estabelecimento dessas áreas para conservação *in situ* da biodiversidade tem sido uma prática adotada mundialmente (Brasil, 2001).

Ao longo do desenvolvimento dos estudos ambientais, criaram-se alguns tipos de Unidades de Conservação, com diferentes objetivos. Basicamente, o critério que as diferencia é a facilidade de acesso que se dá aos recursos naturais. Como exemplos temos:

CAPÍTULO 6   Atividades lúdicas e ensino de Ciências – A biodiversidade como exemplo

- **Reservas biológicas,** que são categorias fechadas para o público e abertas exclusivamente para a pesquisa científica.
- **Estações ecológicas,** que permitem pesquisa e visitas de educação ambiental em uma porção restrita: apenas 5% de sua área.
- **Parques estaduais,** que permitem a visitação turística, a educação ambiental e a pesquisa, e cada atividade pode ocorrer em áreas específicas e determinadas pelo Plano de Manejo do Parque.

No tocante ao aspecto educacional, o artigo 13 da Convenção da Diversidade Biológica (São Paulo, 1997) estabelece que seus signatários devem:

a) Promover e estimular a compreensão da importância da conservação da diversidade biológica e das medidas necessárias a esse fim, sua divulgação pelos meios de comunicação e a inclusão desses temas nos programas educacionais e

b) Cooperar, conforme o caso, com outros estados e organizações internacionais na elaboração de programas educacionais de conscientização pública no que concerne à conservação e à utilização sustentável da diversidade biológica.

A preocupação com a conservação da diversidade biológica e, em termos mais amplos, do ambiente está presente em documentos curriculares como, por exemplo, os Parâmetros Curriculares Nacionais de Ensino Fundamental – terceiro e quarto ciclos, na área de Ciências, que propõem que um dos eixos de conteúdo da área seja "Vida e Ambiente", com o objetivo de promover a ampliação do conhecimento sobre a diversidade da vida nos ambientes naturais ou transformados pelo ser humano, estudar a dinâmica da natureza e conhecer o modo como a vida se processa em diferentes espaços e tempos. Ainda nesse tema, o documento propõe uma reconstrução crítica da relação homem-natureza.

Weelie e Wals (2002) têm apresentado três perspectivas sobre a educação para a biodiversidade:

1. Educativa: auxilia na compreensão da natureza e de si mesmo. Procura promover situações que procurem fazer com que as pessoas percebam o significado da biodiversidade para suas vidas.
2. Alfabetização ecológica: discutir relações entre espécies nos seus ecossistemas, enfatizando a participação do ser humano.
3. Políticas da natureza: abordar o desenvolvimento sustentável, respeito ao pluralismo, exploração, responsabilidade e decisões democráticas.

A ampla gama de significados dados ao termo, aliada à grande polêmica causada pelas políticas de conservação, faz da biodiversidade um tema importante no ensino de Ciências, uma vez que estudar a variedade de seres vivos e como eles se relacionam com o ambiente é fundamental para a construção de procedimentos, valores e atitudes de respeito, conscientização, responsabilidade e criticidade em relação à conservação da vida no planeta. Espaços de educação não formal, como museus e zoológicos, além de pesquisas em *sites* e revistas de divulgação, podem ajudar nesse sentido.

No Ensino Fundamental, estudar os seres vivos sob a ótica das questões relativas à biodiversidade permite que se explorem diversos temas (São Paulo, 2004): relação entre forma e função, relação entre organismo e ambiente, variedade de formas e unidade de padrões, variação e diversidade. Além disso, apresentar os seres vivos sob o enfoque ambiental e evolutivo pode representar elementos importantes para que se compreenda como se formou a diversidade da vida.

Nesse sentido, segundo Tidon e Vieira (2009), diversos aspectos da biologia evolutiva podem ser incorporados no Ensino Fundamental, como, por exemplo, a existência de vários níveis de adaptação entre os seres vivos e o ambiente; o conhecimento de que a Terra tem mais de 4 bilhões de anos de idade, ao longo dos quais tanto o planeta como a biodiversidade vêm sofrendo mudanças; a consciência de que nem todos os indivíduos de uma população sobrevivem a ponto de se reproduzir e de que essa sobrevivência diferencial depende da variabilidade genética; a identificação de fatores ambientais – disponibilidade de alimento, água, predadores e clima – como determinantes que interferem no número de indivíduos que sobrevivem.

Do ponto de vista evolutivo, atualmente estuda-se a biodiversidade na forma de uma *árvore*, na qual se estabelecem as relações de parentesco evolutivo entre as diferentes espécies de seres vivos, representando uma ancestralidade comum[5]. Está em curso um projeto mundial chamado *Tree of Life*, que tem por objetivo reunir informações sobre todos os organismos existentes e as relações evolutivas entre eles. Tal projeto conta com a participação de pesquisadores de diversos países, onde as informações sobre cada grupo de organismos estão dispostas em *websites* organizados hierarquicamente, formando uma árvore[6].

Elementos culturais associados ao estudo da biodiversidade também devem ser incorporados, exemplificando os diferentes tipos de interação que a sociedade estabelece com a natureza.

Embora o estudo de características anatômicas seja importante, entendemos que o enfoque sobre as interações e sobre a diversidade biológica pode auxiliar na aprendizagem sobre os seres vivos; tal enfoque se beneficia quando explora o potencial lúdico de atividades, especialmente no âmbito de Ciências no Ensino Fundamental.

Atividades

1. Sugestões para a produção de jogos com o tema "Biodiversidade"

A utilização de jogos no ensino de Ciências, assim como na educação em geral, proporciona um aprendizado lúdico e significativo. O professor

---

[5] Uma animação da "árvore da vida" simplificada, destinada a alunos do Ensino Fundamental, pode ser encontrada no *site* da revista *Nova Escola*. http://revistaescola.abril.com.br/ciencias/fundamentos/arvore-vida-432386.shtml.

[6] Fonte: http://www.tolweb.org/tree/.

pode construir ou propor a construção de jogos para os mais diversos temas a ser trabalhados. O tema "Interação de seres vivos e biodiversidade" é bastante profícuo para a elaboração de jogos.

Uma categorização de jogos bastante conhecida e utilizada em educação é a proposta por Piaget, que os classifica em jogos de exercício, jogos simbólicos e jogos de regras, com base na evolução das estruturas mentais. Para a faixa etária do Ensino Fundamental II, considera-se que os mais adequados são os jogos de regras, nos quais existem um conjunto de "obrigações", que deve ser seguido por todos, e a necessidade de relações de cooperação entre os participantes. Apresentamos a seguir algumas possibilidades.

JOGOS DE ASSOCIAÇÃO

Os jogos de associação são aqueles que estabelecem correspondência de ideias, figuras, palavras, entre outros, a partir de um critério previamente estabelecido. Os mais comuns são os de dominó e memória.

No jogo de memória, diferentes associações podem ser feitas. Os participantes podem procurar cartões iguais ou que se associem. Nele, um conjunto de cartas é montado e ganha o jogo o participante que conseguir achar o maior número de pares. O jogo pode ser proposto como forma de abordar as características de seres vivos, ambientes ou ecossistemas. Os cartões podem ser montados de acordo com o tema que se pretende abordar. Um pode conter a foto ou desenho do ser vivo e outro, o hábitat ou a foto do ser vivo no ambiente. Pode-se montar também de maneira que os participantes tenham de formar um trio, aumentando o desafio que se propõe aos alunos. De todas as formas, o professor pode montar o jogo adequando-o aos seus propósitos e objetivos.

A título de referência, é possível consultar o jogo proposto pelo "Grupo de Estudos em Educação não Formal e Divulgação em Ciências" (http://www.geenf.fe.usp.br/), da Faculdade de Educação da USP, em que são associados os seres vivos e elementos da nossa cultura, explorando uma noção ampliada do conceito de biodiversidade.

Outra forma de jogo de associação é aquela proposta no livro didático de 7º ano da coleção "Ciências, natureza e cotidiano", de Trivellato et al. (2004). É um jogo para dois jogadores, que têm por objetivo descobrir, com base em características descritas, qual é o ser vivo escolhido por um colega. A proposta é aproximar o aluno do trabalho do taxonomista. O jogo é composto de um tabuleiro com 30 representantes dos cinco reinos. Os alunos fazem escolhas com base na presença ou ausência de uma característica morfológica ou fisiológica dos seres vivos, que já devem ter sido estudados anteriormente. Os alunos também podem selecionar imagens de animais pela Internet e produzir seus próprios tabuleiros.

Outra possibilidade é dividir a classe e atribuir um bioma a cada grupo. Devem então pesquisar informações sobre esse bioma e os seres vivos que nele habitam, bem como as relações que se desenvolvem. O material de cada grupo é embaralhado com os demais, e a dinâmica do jogo é a associação entre os seres vivos e os biomas.

JOGOS DE SIMULAÇÃO

São atividades em que os jogadores simulam, por meio da representação, determinados papéis como, por exemplo, fenômenos e relações que se estabelecem na natureza.

Um jogo desse tipo é proposto no livro *Vivências integradas com o meio ambiente*, de Telles et al (2002). Tem por objetivo despertar e alertar os participantes para os problemas que ocorrem quando acontece uma interferência humana, como desmatamento, queimada, poluição, gerando desequilíbrios ecológicos. A partir do modelo proposto pelos autores, apresentamos a seguir uma possibilidade de aplicação na escola.

O professor define um ecossistema e distribui para cada participante uma placa que indica o ser vivo que ele representa. A pesquisa sobre os habitantes do ecossistema escolhido deve ser realizada antes da atividade, para fazer as placas dos personagens. Por exemplo, se escolher a Mata Atlântica os personagens podem ser:

- Animais: beija-flor, mariposa, onça-pintada, mono-carvoeiro, jacutinga, gavião-pombo, jacaré-de-papo-amarelo, sabiá-laranjeira, sanhaço, pica-pau, gambá, morcego, arara-azul etc.
- Plantas: canela, jacarandá, ipê, manacá-da-serra, guapuruvu, samambaia, bromélia, orquídea etc....
- As placas podem ser feitas também em pares, ou seja, um macho e uma fêmea de cada espécie, quando for o caso.
- Para perceber o nível de interação entre os seres vivos de um ecossistema, no nosso caso, da Mata Atlântica, os alunos podem ler inicialmente o seguinte texto:

A relação entre animais e plantas da Mata Atlântica é bastante harmônica. O fornecimento de alimento ao animal em troca do auxílio na perpetuação de uma espécie vegetal é bastante comum. As plantas com flores e seus polinizadores foram adaptando hábitos e necessidades ao longo de milhões de anos de convívio. Flores grandes e coloridas atraem muitos beija-flores, as perfumadas atraem as mariposas, e algumas flores, para atrair moscas, exalam um perfume semelhante ao de podridão. Acredita-se que três a cada quatro espécies vegetais da Mata Atlântica sejam dispersadas por animais, principalmente por aves e mamíferos, que se alimentam de frutos e defecam as sementes ou as eliminam antes da ingestão. Pássaros frugívoros possuem grande percepção visual e se alimentam de sementes muitas vezes bem pequenas. Jacarés e lagartos aproveitam os frutos caídos no chão, e mamíferos como os macacos acabam proporcionando a dispersão em grandes áreas.

Extraído de: http://www.ib.usp.br/ecosteiros/textos_educ/mata/fauna/fauna.htm

No início do jogo, as cadeiras (em número igual ao de participantes) são colocadas em fila, em direção oposta umas das outras. O professor explica aos alunos que as cadeiras representam um ecossistema de grande biodiversidade e que eles representam os seres vivos que vivem lá. Quando a música começa a tocar, os participantes devem caminhar e o professor deverá tirar 3 ou 4 cadeiras. Isso representa a construção de uma estrada atravessando o ecossistema, que agora fica dividido em duas ilhas. Quando a música para, os participantes sentam, e aqueles que ficam em pé representam as perdas do ecossistema. O professor chama um por vez os participantes que saíram e, após serem identificados, o grupo discute o que poderá acontecer com o ecossistema após essa saída. A partir desse jogo, propomos algumas perguntas que podem ser feitas:

- A saída desses seres vivos compromete a reprodução dos indivíduos nesse ecossistema, em termos de reprodução sexuada, polinização, dispersão de sementes?
- O isolamento provocado pela construção da estrada pode interferir nas estratégias reprodutivas entre os que ficaram separados?
- A saída ou o isolamento desses seres vivos pode interferir nas relações alimentares que ocorrem nesse ecossistema? De que forma?

É importante discutir com os participantes os grandes desequilíbrios ecológicos que podem ocorrer após interferência humana em um ecossistema, como no caso representado nesse exercício.

Outra possibilidade de simulação é a do tipo *role play*, no qual os jogadores assumem e defendem a posição de seu personagem, em um debate ou um júri simulado. Um exemplo desse tipo de atividade foi apresentado no Capítulo 5 sobre temas controversos.

JOGOS DE TRILHA

Nesse tipo de jogo, os jogadores ou suas peças devem deslocar-se por um caminho dividido em várias "casas", cujo objetivo a ser alcançado é o final da trilha. No entanto, para chegar lá, existem vários obstáculos e/ou perguntas que os jogadores devem responder. Geralmente estão associados também alguns "castigos" (retorno de casas) ou "recompensas" (avanços) sobre o acerto ou não das respostas.

Os alunos, a partir de conhecimentos pesquisados sobre a biodiversidade, podem ser divididos em grupos e devem definir: os personagens que serão representados (geralmente seres vivos); o número de casas que formarão o tabuleiro; a paisagem do jogo; as perguntas e os desafios que serão feitos. Também nesse caso existe a possibilidade de confeccionar um jogo por bioma.

Esse tipo de jogo também é bem adequado para explorar conhecimentos de evolução, como variabilidade e sobrevivência diferencial, a competição entre indivíduos e espécies, limitação de fatores ambientais, entre outros.

Um aspecto importante: durante qualquer jogo, o professor deve estar atento às manifestações de aprendizagem, passando pelo grupo e percebendo as interações que estão sendo realizadas entre alunos, jogos e conhecimentos.

2. Biodiversidade em histórias em quadrinhos

A temática da biodiversidade também possibilita o trabalho divertido com histórias em quadrinhos, principalmente as que têm os seres vivos como personagens centrais. Um exemplo são os quadrinhos do cartunista brasileiro Fernando Gonsales, que podem ser obtidos em jornais e no *site* www.niquel.com.br. Outra possibilidade é o aluno produzir suas histórias em quadrinhos, com base nos conhecimentos que está adquirindo sobre biodiversidade. Explore esse recurso, que é utilizado até mesmo em provas de vestibular. Com certeza será uma atividade prazerosa, uma vez que o quadrinho é um tipo de texto com linguagem bastante atraente para o público infantojuvenil.

As linguagens gráficas mais comuns no mundo dos desenhos, conforme apresentado por Carvalho (2006), variam entre *cartoon*, charges, caricaturas e tiras. O *cartoon*[7] caracteriza-se por apresentar um humor universal em que, em geral, basta utilizar o senso comum para entender a piada. A charge é um desenho de caráter crítico exagerado, que se

---

[7] Em português, cartum. Em inglês, a palavra significa cartão, que era o tipo de papel onde originalmente eram feitos esses desenhos.

refere a uma situação específica no âmbito social, cultural e político. A caricatura é um desenho de rosto no qual se exagera na expressão de uma determinada pessoa ou personagem. Já as tiras de quadrinhos ou tirinhas são histórias curtas, com começo, meio e fim, com personagens fixos criados pelo autor. Elas são a origem das histórias em quadrinhos que, na verdade, são uma evolução das tiras produzidas em sequências e histórias mais longas.

OBJETIVOS:

- Analisar histórias em quadrinhos que circulam atualmente entre os jovens, buscando identificar elementos da biodiversidade e analisando a integração entre esses diferentes elementos.
- Utilizar diferentes linguagens para aprendizagem sobre temas relativos à biodiversidade.
- Realizar uma mediação entre arte, Ciência e biodiversidade a partir de uma oficina de produção de histórias em quadrinhos.
- Produzir e socializar conhecimentos de forma prazerosa e lúdica.

MATERIAL:

histórias em quadrinhos, tirinhas e charges extraídas de jornais e/ou *sites* da Internet.

DESENVOLVIMENTO:

Parte 1 – Análise de elementos de biodiversidade em histórias e tirinhas

O professor deve selecionar algumas tiras ou historinhas que tenham a presença de animais ou outros seres vivos. No caso dos animais antropomorfizados, pode ser proposto aos alunos identificar quais características humanas são atribuídas a eles e quais pertencem ao próprio animal e em qual contexto estão essas características. Apresentamos a seguir um exemplo de tira interessante para esse tipo de atividade.

Níquel Náusea

Quadro 1: O SER HUMANO FAZ COISAS HORRÍVEIS COMO AS BOMBAS NUCLEARES E OS VAZAMENTOS DE ÓLEO!

Quadro 2: MAS TAMBÉM FAZ LIXÕES MARAVILHOSOS!

Fernando Gonsales, *Folha de S. Paulo*, 15/06/2000.

Muitas histórias exploram características de animais e podem ser analisadas pelas interações que apresentam com o meio, com os outros animais, com humanos, significado para a vida dos humanos, aspectos sobre desenvolvimento sustentável, proteção de hábitats naturais, entre outros. É possível pela Internet conseguir várias tirinhas e/ou histórias. Cada aluno pode realizar a sua pesquisa e depois as análises podem ser feitas em grupo, com a produção final de um relatório escrito.

Parte 2 – Produção de histórias em quadrinhos ou tirinhas

Os alunos devem ser convidados a produzir suas histórias usando como pano de fundo as questões relacionadas ao estudo da biodiversidade. Eles podem escolher um bioma e pesquisar as espécies que podem ser representadas e suas diferentes interações.

Um desafio a ter sempre em mente para a produção de tirinhas é a utilização de textos simples e curtos, ressaltando a linguagem da imagem (Caruso et al, 2002). As tirinhas podem ser produzidas individualmente ou em grupos, partindo-se de temas que podem ou não ser previamente selecionados pelo professor. Após o trabalho, os alunos podem dedicar um momento para a produção de material coletivo a ser disponibilizado à escola.

Agora é com você

Com base nas discussões sobre biodiversidade, aspectos lúdicos e ensino de Ciências, você pode produzir um material na forma de jogo, história em quadrinhos, música, entre outros. O importante é fugir do enfoque exclusivamente mnemônico e buscar produzir um material que não apenas desperte a curiosidade do aluno, mas seja também capaz de permitir que ele reflita e aprenda o conceito abordado por suas próprias deduções e conclusões, mediadas pelo professor.

Referências bibliográficas

BRASIL/MEC/SEF. *Parâmetros Curriculares Nacionais:* terceiro e quarto ciclos: temas transversais. Brasília: MEC/SEF, 1998, 436 p.

_____. *Programa parâmetros em ação*: meio ambiente na escola. Brasília: MEC/SEF, 2001, 200 p.

BRASIL/MMA. *Primeiro Relatório Nacional para Convenção da Diversidade Biológica*. Brasília: Ministério do Meio Ambiente, 1998.

CAMPOS, L. M. L.; BORTOLOTO, T. M.; FELÍCIO, A. K. C. *A produção de jogos didáticos para o ensino de Ciências e Biologia:* uma proposta para favorecer a aprendizagem. São Paulo: 2002, obtido em http://www.unesp.br/prograd/PDFNE2002/aproducaodejogos.pdf. Acesso em: 30 abr. 2007.

CARUSO, F.; CARVALHO, M.; SILVEIRA, M. C. *Uma proposta de ensino e divulgação de ciências através dos quadrinhos*. Rio de Janeiro: CBPF, 2002. http://www.cbpf.br/~eduhq/html/publicacoes/links_publicacoes/ciencia_sociedade_cs00802/cs00802.pdf. Acesso em: 18 nov. 2008.

CARVALHO, D. *A educação está no gibi*. Campinas: Papirus, 2006.

DOMINGUES, C. R. C. *Desenhos, palavras e borboletas na educação infantil:* brincadeiras com as ideias no processo de significação sobre os seres vivos. São Paulo, 2006. Tese de Doutorado – Faculdade de Educação. Universidade de São Paulo.

HELENE, M. E. M.; MARCONDES, B. *Evolução e biodiversidade:* o que nós temos com isso? São Paulo: Scipione, 1996.

KISHIMOTO, T. M. *O jogo e a educação infantil*. São Paulo: Pioneira, 1994.

MIRANDA, S. No fascínio do jogo, a alegria de aprender. *Ciência Hoje*, v. 28, 2001, p. 64-6.

MOTOKANE, M. T. *Educação e biodiversidade:* elementos do processo de produção de materiais pedagógicos. São Paulo: 2005. Tese de Doutorado – Faculdade de Educação. Universidade de São Paulo.

RICKLEFS, R. E. *A economia da natureza*. 5. ed. Rio de Janeiro: Guanabara Koogan, 2003.

SÃO PAULO. Secretaria do Meio Ambiente. *Convenção da Diversidade Biológica*. São Paulo: SMA, 1997.

_____. Secretaria da Educação. *Programa de Educação Continuada – PEC Municípios*: Natureza, Ciências, Meio Ambiente e Saúde. São Paulo: Secretaria da Educação; USP; Unesp; PUC, 2004.

SILVA, A. M. T. B.; METTRAU, M. B.; BARRETO, M. S. L. O lúdico no processo de ensino aprendizagem das ciências. *Rev. Bras. Est. Pedag*. Brasília, v. 88, n. 220, p. 445-458, set./dez. 2007.

TELLES, M. Q. et al. *Vivências integradas com o meio ambiente*. São Paulo: Sá Editora, 2002.

TIDON, R.; VIEIRA, E. O ensino da evolução biológica: um desafio para o século XXI. *Revista Eletrônica Com Ciência* n. 107, 10 abr. 2009. Disponível em: http://www.comciencia.br/comciencia. Acesso em: 12 maio, 2009.

TRIVELLATO, J. et al. *Ciências, natureza e cotidiano:* criatividade, pesquisa, conhecimento – 6ª série. São Paulo: FTD, 2004. (Coleção Ciências, Natureza e Cotidiano)

WEELIE, D. V.; WALS, A. E. J. Making biodiversity meaningful through environmental education. *International Journal of Science Education*, v. 24, n. 11, p. 1.143-56, 2002.

Sugestões de *sites*

- www.mma.gov.br, *site* do Ministério do Meio Ambiente. Contém vários documentos, informações, mapas, entre outros, sobre a biodiversidade brasileira.

- http://www.biota.org.br, *site* do programa Biota-Fapesp – Programa de Pesquisas em Caracterização, Conservação e Uso Sustentável da Biodiversidade do Estado de São Paulo. Contém inventários, chaves de classificação, súmulas de eventos, pesquisadores, institutos de pesquisa, entre outros.
- http://www.ipam.org.br, *site* do Instituto de Pesquisa Ambiental da Amazônia. Apresenta dados, mapas e resultados de pesquisa sobre biodiversidade na região amazônica.
- http://www.biodiversitas.org.br, apresenta uma lista de espécies da fauna brasileira ameaçadas de extinção.
- http://revistaescola.abril.com.br/ciencias/fundamentos/arvore-vida-432386.shtml, *site* da *Revista Nova Escola* que traz uma animação da "árvore da vida" simplificada, destinada a alunos do Ensino Fundamental, além de artigos sobre o tema.
- http://www.tolweb.org/tree, *site* oficial do projeto Tree of Life, que reúne informações sobre os seres vivos de forma a contemplar prioritariamente os aspectos evolutivos. Apresenta também alguns filmes e sugestões de atividades (em inglês).

Impressão e acabamento

psi7 | book7